AF318674

Journal

d'un officier français

TOURS

MAISON ALFRED MAME ET FILS

LE JOURNAL

D'UN OFFICIER FRANÇAIS

OU

LES CAHIERS DU CAPITAINE FRANÇOIS

1792-1815

3ᵉ SÉRIE IN-4º

Combat dans les rues du Caire. (P. 57.)

LE JOURNAL

D'UN OFFICIER FRANÇAIS

OU

LES CAHIERS DU CAPITAINE FRANÇOIS

1792-1815

TOURS

MAISON ALFRED MAME ET FILS

LE JOURNAL

D'UN OFFICIER FRANÇAIS

OU

LES CAHIERS DU CAPITAINE FRANÇOIS

1792-1815

L'auteur de ces mémoires est né en Picardie, le 19 juin 1777, commune de Ginchi, canton de Péronne, département de la Somme. Son père était brigadier dans les fermes et gabelles du roi, et sa mère était d'une ancienne famille de Picardie.

Entraîné par l'attrait qu'offre à tous les jeunes gens le métier des armes, il s'enrôle à quinze ans, et deux semaines après, le 20 septembre 1792, il reçoit sa première blessure à la bataille de Valmy : une balle lui effleure l'oreille droite et traverse son chapeau, qu'il conserva longtemps en souvenir de sa première campagne.

Le 26 octobre, il entre en Belgique avec le premier corps de l'armée française, commandé par le général Valence, et assiste à la bataille de Jemmapes.

Il se trouve à la prise de Bruxelles, au siège d'Anvers, au siège de Namur ; de là il pénètre en Allemagne, où il ne quitte plus un seul instant son corps d'armée.

Le 3 décembre 1793, il est nommé caporal.

Nous ne donnerons pas de détails sur les diverses batailles auxquelles assista notre caporal ; ce serait faire l'histoire des guerres de l'armée française sous la première République, tandis que nous ne voulons faire que celle de l'officier d'après son *Journal*.

Le 16 mars 1794, il reçoit une seconde blessure, aussi légère que la première, à la bataille de Nervinden, et peu de temps après il est nommé fourrier. Il fait, avec ce nouveau grade, la campagne de 1794. Dès ce moment, le corps d'armée dans lequel il était en Hollande eut à souffrir des privations de toute espèce ; les soldats marchaient presque nu-pieds, et étaient insuffisamment vêtus pour se garantir du froid.

Depuis le mois de janvier 1795 jusqu'au mois de juin de la même année, le fourrier François, — tel est le nom de notre héros, — continua de suivre l'armée du Nord. En juin, il passe dans celle de Sambre-et-Meuse, avec laquelle il traverse le Rhin. Quoique exposé à des fatigues incroyables, il marche de succès en succès jusqu'au mois de juillet 1796. Dans cette campagne, il se fait remarquer par un trait de témérité bien française qui ne connaît aucun obstacle. Il désirait avoir un cheval pour l'offrir à une jeune cantinière de sa compagnie, et sa bourse n'était pas assez garnie pour lui permettre un semblable achat. D'accord avec un hussard de Chamborand, qui devait monter la garde en face d'une vedette autrichienne, il se rend en faction pendant la nuit auprès du hussard, prend ensuite des chemins détournés pour surprendre la sentinelle ennemie, tombe dessus à l'improviste, la tue avant qu'elle ait le temps de jeter un cri et revient sur le cheval de son adversaire. Il offre sa prise à la jeune vivandière; mais le hussard de Chamborand en réclame sa part. Notre fourrier, dont le calcul est dérangé par cette exigence, lui promet qu'il lui aura un autre cheval par le même moyen. Il réussit, en effet, mais seulement après deux tentatives infructueuses. Cet acte de bravoure ayant été connu à l'état-major, François fut porté à l'ordre du jour.

Des marches forcées, jour et nuit, des besoins de tout genre auraient dû fatiguer des soldats qui n'avaient pas un seul instant de repos, et ce fut généralement le contraire qui arriva. La brigade Bastoul, où était notre fourrier, occupait la ville de Francfort en juillet 1796; l'inaction ennuyait à tel point tous les militaires français, que ce ne fut qu'un seul cri de joie quand l'armée quitta cette ville.

Le 24 juillet 1796, François est grièvement blessé à l'œil auprès de Sulzbach. Il ne quitte cependant point sa compagnie; mais il ne doit qu'aux soins empressés du chirurgien de sa demi-brigade de conserver son œil droit, qui, depuis cet instant, est resté presque immobile.

Lors de la retraite de l'armée des bords de la Nab sur Schweinfurt, il est fait prisonnier après avoir partagé les dangers de son bataillon, qui, au commencement du combat, était de sept cents hommes, et en se rendant n'en comptait plus que deux cents.

Sans avoir reçu des blessures très graves, le fourrier François était couvert de contusions; son habit avait été coupé en plusieurs endroits par les atteintes des sabres de la cavalerie ennemie. Quoique souffrant cruellement, il s'efforce néanmoins de suivre ses camarades, dont plusieurs tombent auprès de lui de lassitude et de faim, et expirent sous ses yeux.

Après trois jours d'une marche pénible, les prisonniers arrivent à Bamberg, le 16 août 1796. Le lendemain ils sont passés en revue. Notre fourrier se dit employé dans les bureaux du quartier-maître, et, grâce à cette supercherie, il rejoint heureusement son corps.

Le 13 janvier 1797, la 9ᵉ demi-brigade, dont il fait partie, se dirige vers l'Italie. Il parcourt ainsi la Savoie, examine avec intérêt ce pays remarquable par ses hautes montagnes, ses profondes vallées; la route qu'il suit est bordée de précipices. Le 1ᵉʳ février, il passe le Rhône; le 4, il traverse Chambéry, puis les montagnes du Mont-de-l'Échelle, dont il admire la bruyante cascade; le 9, il arrive au pied du Mont-Cenis, avec le général Bernadotte; le 10, il franchit le Mont-Cenis; le 18, il est à Milan. Il se dirige ensuite du côté de Padoue; il assiste au combat du Tagliamento et prend part à tous les succès de la division Bernadotte.

Incorporé à Tortone dans une colonne mobile, le fourrier François se trouve sous les ordres du général Lannes. Il était alors, dans son grade, le plus ancien de la 9ᵉ demi-brigade; il revient avec elle en France et retourne en Italie, en octobre 1797. Il va à Rome en février 1798; de là il rentre encore en France.

Le 10 mai 1798, il s'embarque à Toulon, à bord de la bombarde *l'Hirondelle,* où il est chargé de la distribution en qualité de cambusier.

Mais laissons-le parler lui-même.

« Le 12 mai, notre escadre, sous le commandement de l'amiral Brueys, sort de Toulon. Cette expédition majestueuse offrait l'aspect d'une grande ville flottante, avançant dans le plus imposant appareil.

Pendant ce voyage, j'aperçois l'île de Sardaigne et les côtes de Sicile. L'île de Malte est prise par l'armée française, j'y reste quelques instants. Je me rembarque le 19 juin. Le treizième jour de mon départ, la bombarde *l'Hirondelle* s'arrête non loin d'Alexandrie, et déjà je découvre les minarets de cette ville.

Nous débarquons en face de la Tour-des-Arabes. A notre approche, une troupe de cavaliers bédouins, armés de longues lances et parfaitement montés, fuit en toute hâte ; quelques soldats français, qui ont l'imprudence de les poursuivre, sont faits prisonniers et emmenés par eux.

Le 2 juillet, nous entrons à Alexandrie. Dès le lendemain, accompagné de quelques-uns de mes camarades, je parcours avec empressement une ville où tout est nouveau pour moi, rien ne m'y rappelant les mœurs et les usages de mon pays.

La division dont je fais partie quitte Alexandrie pour se rendre à Damanhour, distant de quinze lieues. Pendant cette route, nous sommes exposés à tous les périls, suite inévitable d'une expédition aussi aventureuse, en proie à une soif ardente et continuelle. »

Le 10 juillet, le fourrier François s'éloigne de Damanhour. Il se bat plusieurs fois contre les Mamelucks, qu'il désirait vivement voir de près. Malgré les fatigues qu'il avait à endurer, il se trouvait heureux au milieu des déserts de l'Égypte : cette expédition extraordinaire lui plaisait. Mais, plus tard, lui qui avait un si vif désir d'assister à des événements surprenants, pour les raconter un jour en France, devait en éprouver de tels, que son courage aurait peine à ne pas succomber sous le poids qui devait l'accabler.

Nous ne répéterons pas les détails connus des divers combats qui eurent lieu en Égypte : ce n'est point l'histoire de cette campagne que nous nous sommes proposé d'écrire. Nous nous bornerons à dire que le fourrier François assista à une grande partie des batailles qui y furent livrées, et qu'il s'y distingua de la manière la plus brillante.

Dans un de ces combats, il remarque la supériorité des sabres des Mamelucks sur ceux de notre cavalerie.

« J'ai vu, dit-il, plusieurs de nos cavaliers étendus morts sur le sable et dont la tête était entièrement séparée du tronc; d'autres dont les bras et les cuisses avaient été tout à fait coupés, et enfin le corps d'un chasseur du 22ᵉ fendu en deux. On peut juger d'après cela de la trempe des sabres des Mamelucks. J'en ai un, et plusieurs fois j'ai coupé en deux une chèvre, un mouton, un chien d'un seul coup sans frapper, mais en coulant mon damas sur les reins de l'animal. »

Le fourrier François suit tous les mouvements de la division du général Reynier. Le 29 août, il se rend, avec le 2ᵉ bataillon de la 9ᵉ, à Belbies, capitale de la province de Scharkièh.

« La moitié de notre division, continue-t-il, bivouaque dans un enclos formé d'un mur de terre, à un quart de lieue de la ville, sur le bord du désert, dans un des plus beaux villages de l'Égypte. Bientôt nous formons une petite ville, où nous rassemblons toutes les commodités qu'on peut réunir dans un semblable pays. De la terre séchée au soleil nous fournit des briques avec lesquelles nous bâtissons des maisonnettes : chacune de ces habitations peut contenir une escouade; elle est entourée d'orangers, de citronniers, de grenadiers; elle a sa cour, où sont des chèvres, des ânes, et son colombier rempli de pigeons et de poules. La nouvelle *cité fran-*

çaise renferme plusieurs citernes, qui nous donnent une eau pure et abondante ; nous la puisons avec une roue qui fait monter et descendre des pots. Cette même eau, à l'aide de conduits que nous pratiquons nous-mêmes, nous sert à arroser nos rues et nos jardins. Ainsi nous employions tous les moyens de rendre ce séjour le plus agréable possible, comme si nous devions y terminer nos jours.

Les habitants des villages voisins nous apportaient de la viande de chameau, de buffle, de mouton et de chèvre, des pigeons, des poules, des œufs, et tout cela leur était payé avec exactitude ; ils nous vendaient également des galettes excellentes, à la propreté près, les Turcs étant en général très sales ; mais nous n'y regardions pas si attentivement, car nous n'espérions plus revoir notre chère patrie, et nous nous attendions un jour à être plus misérables que les habitants de ces contrées arides.

A l'exception de quelques alertes pendant la nuit, nous vivions tranquillement ; l'armée se livrait beaucoup à l'exercice de l'escrime, que j'aimais à la folie ; aussi me regardait-on comme un des forts tireurs. On voulut me donner une carte de maître ; mais j'aimais mieux conserver le modeste titre d'amateur, et je la refusai.

Un grand nombre d'autres jeux étaient établis dans le camp. Quoique sans solde, la plus grande partie de nos soldats avaient de l'argent pris sur les morts ennemis dans divers combats, et il s'était établi dans *notre ville* des pâtissiers et des limonadiers.

Le 19 octobre, le général Reynier part du camp de Belbies avec les 2ᵉ et 3ᵉ bataillons de la 9ᵉ, un bataillon de la 25ᵉ, deux pièces de canon et cinquante chasseurs du 22ᵉ pour le village de Cafr-Chair, province de Delta, dans l'intention de délivrer cette province d'un chef fameux par ses brigandages. Ce cheik, nommé

Abou-Chair, était retranché dans un château fort, d'où il faisait de fréquentes incursions dans les contrées voisines. Nous attaquons sa citadelle à l'improviste, et il est tué en voulant traverser un canal qui entourait sa demeure. Nous trouvons dans le château un très grand nombre de caisses remplies d'argenterie, d'or et d'argent monnayés, beaucoup d'effets volés aux troupes françaises, une immense quantité d'armes de toute espèce et trente chevaux. Les habitants des villages sous sa domination se réjouissent de sa mort, et sa tête est promenée par un Turc dans le pays que nous parcourons. Les trésors d'Abou-Chair sont envoyés au Caire par le 2ᵉ bataillon de mon régiment. Nous y arrivons le 1ᵉʳ novembre; mon bataillon repart le 2 pour Belbies, mais j'obtiens une permission de huit jours pour rester au Caire.

Le 4 novembre, je me rends avec quelques-uns de mes camarades sur la place Ebekief, pour aller trouver aux Pyramides les savants qui y étaient déjà réunis. A neuf heures du matin, nous partons, tous montés sur des ânes, et nous arrivons à midi aux Pyramides. Je contemple ces vieux monuments avec une attention mêlée d'un étonnement indéfinissable, et j'écris mon nom, le lieu de ma naissance et mon grade dans la deuxième pyramide, chambre du roi, à droite du sarcophage, ainsi que sur une pierre extérieure au midi, près de l'angle, à la cinquantième assise de pierres. Nous revenons dans la soirée au Caire.

Le 5, je parcours différents quartiers du Caire, des bazars, la citadelle; je descends dans le puits de Jacob taillé dans le roc.

Le 6, je profite du départ d'un détachement chargé d'escorter des munitions à Salahief, pour me rendre à Belbies.

Le lendemain, mon colonel me propose le grade de sergent,

que j'avais déjà refusé quatre fois, me trouvant bien de celui de fourrier; j'hésite encore, mais mon chef me fait observer que je nuis à mon avancement, et je suis nommé sergent dans la 8e compagnie du 3e bataillon.

Le 12 décembre, on forma un corps de dromadaires com-

Le Caire.

posé de quatre cents hommes, choisis parmi les plus braves de l'armée.

Une expédition est ordonnée en Syrie. La division du général Reynier, dont je fais partie, doit former l'avant-garde de l'armée.

Il est ordonné de distribuer à chaque soldat un bidon ou une bouteille contenant au moins deux pots d'eau; mais nous bivouaquions sur le bord du désert, et les ordres, donnés trop tard, deviennent inutiles. On se borne à nous charger de biscuits pour quatre jours. Cependant un grand nombre de chameaux portent du bois, du fourrage et des outres remplies d'eau, dans lesquelles nous pouvions boire à l'aide de chalumeaux, dont chaque soldat s'était muni.

En outre de nos armes ordinaires, nous avions chacun une lance longue de cinq pieds, à laquelle étaient attachées deux chaînes. Ces lances devaient servir à renfermer la division, pour la mettre à l'abri des poursuites des Arabes. Pendant la nuit elles étaient destinées à être attachées, la pointe en l'air, les unes aux autres; mais, par la suite, on reconnut l'inutilité d'une arme qui surchargeait les hommes et les gênait dans l'attaque en s'accrochant partout. »

Les détails de l'expédition de Syrie, donnés par le sergent François, sont effrayants. Écoutons-le.

« Le 23 janvier 1799, la division Reynier quitta Salahief, dernier village habité sur le bord de l'isthme de Suez. Les géographes, avec la boussole, dirigent notre marche dans un désert immense, couvert d'un sable surchauffé, formant des montagnes d'intervalles à intervalles. Aucune route tracée ne s'offre à nos yeux. Le premier jour nous faisons cinq lieues. Nous arrivons harassés dans une vallée occupée par un camp d'Arabes, qui disparaissent à notre approche; mais nous nous trouvons sans une goutte d'eau : tout ce que les chameaux en portaient avait été consommé dans la marche, les soldats allant à chaque minute puiser aux outres avec leurs chalumeaux. Cependant c'est là que nous bivouaquons.

Le second jour, pas un de nous n'a d'eau. Il est aisé de concevoir ce que chacun de nous souffre de l'horrible soif qui le tourmente, et néanmoins nous faisons neuf lieues, neuf lieues dans un pays brûlant, sans pouvoir rafraîchir notre poitrine enflammée. Le soir, bivouaquant à Kantara, dans une vallée, nous creusons dans le sable et nous trouvons de l'eau saumâtre que nous buvons avec délices.

La journée du 25 est encore plus affreuse que les deux précédentes. L'artillerie ne peut avancer dans les sables mouvants où les roues s'enfoncent jusqu'à l'essieu, et nous traînons les canons à force de bras. Après une marche des plus pénibles durant dix heures, exposés à toute l'ardeur d'un soleil brûlant, nous arrivons aux ruines de Katieh, mourant de lassitude, de besoin et surtout du manque d'eau. Mais nous en trouvons en abondance dans les citernes du village; nous faisons de la soupe avec nos biscuits, et les fatigues s'oublient vite.

Katieh est entièrement en ruines; on y voit des vestiges de minarets, quelques citernes et une ligne de murs où sont encore fixés quelques anneaux, ce qui semble indiquer que ce village était un port sur le bord d'un canal. Les environs sont couverts de dattiers et inondés d'Arabes.

Nous séjournons à Katieh, en attendant les autres divisions. Pour éviter le retour des maux dont nous avons souffert, nous nettoyons avec soin les boyaux des moutons et des chèvres qui ont servi à notre nourriture, et nous les remplissons d'eau la veille de partir.

Le 6 février, jour du départ de notre division, qui forme toujours l'avant-garde, tous les soldats s'entourent le corps avec les boyaux remplis d'eau, et nous nous préparons à traverser le désert d'El-ar-Ryck. Nous partons; mais, après quelques heures de marche, nous sommes forcés de jeter notre eau, qui, échauffée

2

par le soleil et gâtée par l'odeur des boyaux, ne peut être bue. Le soir nous bivouaquons au pied de Bir-el-Abd, montagne de sable, après quatre lieues d'une marche fatigante ; nous y trouvons de l'eau saumâtre.

Le 7 février, nous nous remettons en route de grand matin. Après huit heures de marche dans une plaine sablonneuse, sur laquelle se perdaient nos regards et qui était comme un brasier ardent, nous faisons une halte de deux heures. Chaque homme emploie son temps à boire aux outres avec son chalumeau ; mais l'eau est tellement corrompue par l'ardeur du soleil et par l'odeur des peaux, que nous essayons vainement d'étancher notre soif. Pour ajouter à tant de maux, un vent brûlant suffoquait les plus robustes : plusieurs expirent sur le sable ou plutôt sur la cendre chaude ; d'autres, ne pouvant trouver le moyen de satisfaire la soif qui les dévore, se donnent la mort avec leurs fusils.

La division, ne pouvant continuer sa route, bivouaque dans cette plaine jusqu'à deux heures du matin. Alors nous repartons, et, après deux heures de marche, nous côtoyons la mer. Des soldats s'y jettent pour étancher cette soif insupportable qui les embrase et y périssent ; d'autres boivent de l'eau de mer en quantité, et, ne pouvant résister au feu qui les consume de plus en plus, se suicident. Les haltes fréquentes sont marquées par les soldats qui tombent asphyxiés sur le sable.

Deux frères, soldats de ma compagnie, se tuent ensemble pour échapper aux souffrances qui les torturent.

Le soir, cependant, nous trouvons un puits occupé par des Arabes. Nous nous jetons dessus comme des lions ; ils s'enfuient, et nous courons au puits. J'y arrive un des premiers. Ne pouvant me désaltérer, je bois avec une avidité qui aurait pu me coûter la vie. Deux de nos hommes avaient été blessés grièvement par les Arabes ; ils se tuent, désespérés de ne pouvoir se traîner jusqu'au puits. Il est bientôt tari, et pourtant la foule se précipite à l'entour avec tant de fureur, que trente soldats sont étouffés dans la mêlée.

Un bien petit nombre avait pu satisfaire sa soif. Tous ceux qui voyaient leur espoir déçu demandent avec des cris de rage à continuer la marche. Le général Reynier, pour répondre à leur impatience, ordonne le départ ; mais les soldats, couchés sur le sable, n'ayant plus la force de se tenir debout, essayent en vain de se lever. Le général cherche à ranimer leur courage et leurs espérances ; ils ne l'entendent point ; ils veulent expirer au lieu même où ils sont couchés. Le désert va-t-il engloutir tant de Français !...

Ce lieu est peu éloigné de la mer : le général, ne sachant plus que devenir, a l'heureuse idée de creuser dans le sable : il trouve de l'eau. Aussitôt chaque soldat reprend de nouvelles forces ; suivant l'exemple de leur chef, tous de leurs mains creusent le sable avec une sorte de rage. Bientôt chacun a sa petite citerne où il se désaltère à loisir avec une eau légèrement salée qu'il trouve excellente.

L'armée a retrouvé son énergie, et le départ est ordonné. Mais plus de cent Français sont étendus sans vie sur la plaine aride, et la division ne s'éloigne qu'après leur avoir donné la sépulture. Mornes et silencieux, nous allons bivouaquer dans un bois de palmiers à deux lieues du fort d'El-ar-Ryck, sur le bord de la mer, où nous trouvons de l'eau en abondance ; mais il ne nous restait plus de vivres, pas un seul morceau de biscuit. Quelques racines sauvages, voilà la nourriture des malheureux Français qui se traînent armés dans ces brûlantes contrées. Cependant un soldat fend un palmier; la moelle lui en paraît tendre, il la mâche et lui trouve un goût de noisette. Aussitôt chacun de nous devient bûcheron. La nuit se passe à abattre des arbres pour en faire une nourriture succulente. Le jour paraît, et le général nous prévient qu'il faut nous préparer au combat.

A 7 heures, la division, formée en deux carrés, marche sur le fort d'El-ar-Ryck. Le premier carré se porte avec rapidité par la gauche du village, sur les hauteurs sablonneuses qui dominent le fort; nous (9ᵉ) et le 2ᵉ bataillon de la 75ᵉ, commandés par le général Reynier, nous avançons directement sur le fort.

Les troupes du pacha d'Acre et les mamelucks occupaient une position avantageuse. Les maisons d'El-ar-Ryck, construites plus solidement que celles des autres villages d'Égypte, se trouvent en avant des faces nord et est du fort; le rempart qui dominait toutes ces maisons facilitait la défense. Toutes les issues étaient fermées par des murs épais ou des habitations crénelées. Nous apercevions en grand nombre des troupes syriennes sur les remparts. Tout enfin nous faisait présager une héroïque résistance. Cependant il fallait s'emparer de ce village, pour s'occuper ensuite du siège du fort.

Le général Reynier pensa qu'une attaque prompte et déterminée jetterait la confusion parmi les assiégés. Après avoir engagé le combat par une vive canonnade, nous avançons au pas de charge malgré la mitraille et la fusillade, qui nous tuent deux hommes. Le général Lagrange tourne le fort, tandis que nous attaquons de front. La résistance de l'ennemi est vive et prolongée; mais, quelques brèches ayant été pratiquées, l'adjudant-général Devaux escalade le premier les murs; nous le suivons, nous char-

geons vigoureusement à la baïonnette ; les soldats syriens se laissent
percer plutôt que de se rendre. Nous pénétrons dans le village, où
de nouveaux obstacles nous arrêtent. Des rues très étroites et
beaucoup d'impasses suspendent à chaque instant notre marche,
déjà gênée par nos maudites lances qui s'accrochaient à toutes les
portes, et les enragés Syriens, rentrés dans leurs maisons, font
pleuvoir sur nous une grêle de balles, de pierres et de matières
enflammées.

Notre courage n'en est point abattu : ces nouvelles difficultés l'animent davantage ; nous nous débarrassons de nos lances,
nous enfonçons les portes des maisons, rien ne peut nous arrêter, et tout ennemi qui s'oppose à notre marche est passé à la
baïonnette.

Il est difficile de se faire une idée du carnage que nous faisons
des Syriens, auxquels tout moyen de retraite est ôté et qui refusent
cependant de se rendre, car le commandant du fort en a fait
fermer les portes, et ces malheureux se défendent avec toute la
fureur du désespoir.

Une quarantaine de Maugrebins, réfugiés dans une citerne,
ne consentent à se rendre à une partie du 3ᵉ bataillon de la 9ᵉ que
sur la menace d'être brûlés vifs dans leur retraite. Nous les
conduisons alors à l'ambulance établie auprès d'une citerne, où
se trouvait un très grand nombre de blessés ; nous revenons
ensuite au village, nous parvenons à nous en rendre maîtres, et
nous nous établissons devant et derrière le fort.

Dans cette attaque, la division perdit cent soixante hommes,
dont sept officiers ; elle eut deux cent quarante blessés, dont cent
dix-sept de la 9ᵉ. Cette perte fut considérable, relativement à notre
petit nombre ; mais jamais notre intrépidité ne s'était manifestée

d'une manière plus éclatante. Le général Reynier, dans son rapport, rendit justice aux braves de la division; il cita plusieurs officiers, sous-officiers et soldats pour de l'avancement et des récompenses; je fus porté pour un fusil d'honneur; mais peu de ceux désignés pour des récompenses les obtinrent, et on m'oublia comme les autres.

Toutes nos munitions étant épuisées, nous nous bornons à former le blocus du fort en attendant les moyens d'en tenter le siège; mais nous sommes continuellement inquiétés par les mamelucks.

Le 11, on signale un petit bâtiment français. Le général nous envoie (la 9ᵉ) pour le reconnaître : le capitaine annonce un convoi de vivres et de munitions. Dans la même nuit une tempête éloigne le convoi, et nous restons sans aucunes ressources dans le désert, entourés d'ennemis quatre fois plus nombreux que nous, ayant pour toute nourriture le palmier qui commençait à manquer. Qu'on juge du juste effroi et de l'inquiétude générale qui régnaient dans le camp! Les chevaux et les chameaux expiraient de besoin, et nous mangions avec avidité leurs cadavres décharnés. Qu'on ajoute à tant de maux tout ce que nous avions à souffrir de la chaleur, nous trouvant en position sur des monticules de sable calciné par le soleil.

Dans notre désespoir, nous demandons au général à aller attaquer l'ennemi campé à une demi-lieue d'El-ar-Ryck, sur la route de Gaza. Il nous engage à attendre, pour cette expédition, la division Kléber.

Le 13, Kléber arrive avec sa division, mais avec un faible convoi de vivres, que l'on distribue à raison de quatre onces de biscuit par homme.

Les soldats de la division Kléber sont effrayés de nos mines sombres et silencieuses; la mauvaise nourriture, la fatigue et l'inquiétude nous avaient, pour ainsi dire, anéantis.

Dans cette situation, n'attendant plus de secours que de lui-même, Kléber se décide à aller attaquer les mamelucks d'Ibrahim-Bey, campés à une demi-lieue d'El-ar-Ryck, comme je viens de le dire, et sur un plateau couvert par un ravin, position assez bien choisie.

Dans la nuit du 14 au 15 février, le général Reynier prend deux bataillons de la 9ᵉ et deux bataillons de la 85ᵉ, et notre marche, guidée par un Arabe, est dirigée de manière à tourner la gauche du ravin qui couvrait le camp ennemi. Arrivés à deux cents pas du camp, serrés en colonnes par division, nous apercevons les postes ennemis et sans factionnaires. Un chien errant, comme il y en a beaucoup dans ce pays, se met à aboyer et éveille quelques postes; alors le général ordonne aux deux compagnies de grenadiers de la 9ᵉ d'attaquer le camp au pas de charge et à la baïonnette. Il était 1 heure du matin. Nous continuons à avancer, dans le plus profond silence, sur le derrière du camp. Les mamelucks étaient endormis, mais leurs chevaux étaient restés bridés. Nous nous précipitons sur eux avec impétuosité, et tous ceux qui résistent sont passés à la baïonnette. Nous parcourons le camp, toujours en colonnes serrées, malgré les cordages des tentes qui embarrassent notre marche, et nous faisons feu de toutes parts, offrant un carré invincible.

Les deux compagnies de grenadiers se portent vers le passage de retraite. L'ennemi, pris sur tous les points, cherche à fuir par la plaine de Gaza; mais le passage lui est fermé. La terreur s'empare des musulmans, et, pour échapper à une mort presque certaine, ils se précipitent dans le ravin qui bordait leur camp. Quelque bons cavaliers que soient les mamelucks, ils ne peuvent arrêter leurs chevaux épouvantés par notre feu qui les atteint de tous les côtés à la fois ; entraînés par la pente du terrain, leurs rapides coursiers culbutent les uns sur les autres. Le fond du ravin présente un désordre inexprimable : nous y poursuivons l'ennemi en riant comme des fous, et ceux qui ne veulent pas se rendre sont massacrés sans pitié. Fatigués de tuer, quand le jour vient éclairer cette scène sanglante, nous nous occupons à réunir les chameaux et les chevaux. Nous trouvons beaucoup de munitions de guerre et des vivres en abondance, choses des plus urgentes pour nous. Nous étions environ dix-sept cents hommes ; nous tuons trois mille hommes, nous faisons onze cent cinquante-sept prisonniers et nous enlevons dix-sept étendards, dont onze pris par le bataillon dans lequel j'étais sergent.

Vers le jour, j'aperçois un mameluck baissé sur un cheval lancé au galop, qui, cherchant à fuir, se dirigeait de mon côté. Je le coupe, et bientôt il arrive près de moi. Il me tire un coup de pistolet à six pas, me manque ; je fonce sur lui, j'arrête son cheval d'un coup de baïonnette dans la cuisse droite, et je le saisis à la bride. Tout étourdi encore de la scène de la nuit, ce malheureux ne peut se défendre ; il me demande la vie, je la lui accorde (je commence à comprendre l'arabe) ; il descend de cheval et me remet ses armes, consistant en une espingole, une paire de pistolets garnis en argent, deux poignards et son sabre, vrai damas, dont le fourreau était en argent doré. Rentré au camp, je conduis mon prisonnier au général Reynier ; il demande à servir dans nos rangs ; le général le lui promet, et aussitôt, en pleurant, il m'offre sa ceinture pleine d'or que je refuse; il me supplie alors d'accepter cent pièces d'or de la valeur de six livres neuf sous chacune; le général Reynier m'engage à les prendre; j'y consens, et je suis noté par mon général pour une récompense.

Ce mameluck se nommait Ali et était cachef d'Hossen-Bey. Par la suite il entra dans la compagnie de mamelucks formée en France. Je vendis son cheval à M. Lami, capitaine aide-major, pour vingt louis, y compris les pistolets; mais il en valait plus de cinquante. Mes prises, dans cette expédition, se montèrent à une valeur de douze cents francs, non compris le sabre qui en valait autant.

Notre expédition terminée, nous retournons au camp, emmenant avec nous un grand nombre de chevaux et de chameaux, nos prisonniers, des tentes et un convoi de vivres et de munitions. Les vivres nous sont distribués aussitôt notre arrivée : ils nous étaient bien nécessaires, car nous mourions de faim. Mais c'est lorsque nous n'avions plus besoin de rien que, dans cette même journée, il nous arrive un convoi de cent cinquante chameaux chargés de vivres et de munitions. Qui peut prévoir les événements!

Cependant le fort d'El-ar-Ryck n'était pas encore pris; mais l'armée entière s'étant réunie en quelques jours au village, le fort capitula le 20 février. Nous y trouvons des vivres pour huit jours.

El-ar-Ryck, par sa position sur la frontière de l'Égypte et de la Syrie et par son voisinage de la mer, était une place très importante.

Le 22 février, nous nous joignons (la 9e) à la division du général Kléber et nous partons, guidés par un Arabe. Le soir, nous arrivons au village de Kan-Jonnes en Palestine. L'esprit plein des souvenirs des anciens croisés, j'oublie mes fatigues pour ne penser qu'aux Français qui, dans les siècles éloignés, ont bâti un fort dans le village même où je me trouve. C'est encore un événement extraordinaire dans ma vie, et j'aime les événements extraordinaires. Aussi je remarque avec attention deux colonnes de granit, de la hauteur de vingt-cinq à trente pieds, d'un seul bloc, aux limites de l'Afrique et de l'Asie, sur la route de Jaffa à Saint-Jean-d'Acre.

Le 23, notre guide nous égare ; nous errons dans le désert pendant quarante-huit heures, souffrant horriblement de la soif ; ce sont là des tourments qu'il faut renoncer à décrire. Enfin, exténués de fatigue, de faim, de soif et de chaleur, nous arrivons le 25, à deux heures du matin au Senton. Aussitôt nous nous précipitons vers le seul puits qui existe dans ce lieu. En un moment il est tari. Alors nous creusons le sable à une grande profondeur et nous trouvons quelques gouttes d'eau saumâtre et malsaine, qui ne nous procure qu'un bien faible soulagement. Plusieurs soldats expirent sous nos yeux en creusant le sable.

Avant d'arriver à Gaza, nous rencontrons un corps de mamelucks, qui fuit à notre approche en abandonnant des provisions de toute espèce. Nous en profitons avec empressement, et nous nous remettons en marche en chantant... Voilà le soldat français !

Qu'un autre cherche à décrire tout ce que nous éprouvons, lorsque, après une marche de quatre-vingts lieues dans un désert aride et brûlant, nous entrons sur les terres fertiles qui avoisinent Gaza et que nous apercevons les montagnes boisées de la Syrie. Nos chants sont des cris de joie ; nous sautons comme des enfants. Qui reconnaîtrait les mêmes soldats qui, la veille, se traînaient avec peine dans le plus morne silence, n'ayant pas une goutte d'eau pour humecter leurs lèvres enflammées et leurs gosiers desséchés?... Notre bonheur est au comble quand, sur les deux heures de l'après-midi, une pluie bienfaisante vient rafraîchir l'air ; nous quittons une partie de nos vêtements, pour jouir entièrement de cette nouvelle faveur que le ciel semble nous envoyer pour nous purifier, et nous continuons de marcher en chantant. Pendant que nos chants redoublent avec plus de force, un officier remarque que nos chansons guerrières retentissent dans les mêmes vallons où jadis les croisés, nos ancêtres, entonnaient des cantiques en l'honneur de la croix. Tant de souvenirs de gloire nous animent davantage ; c'est dans cette disposition que nous apercevons, vers les cinq heures du soir, un corps nombreux d'ennemis sur les hauteurs, en avant et à une demi-lieue de Gaza, auprès d'un bois d'oliviers.

Notre division forme un carré et s'avance en bon ordre sur la droite de l'ennemi. Une autre division marche sur le front de la ligne du pacha de Damas, car c'était son armée. Une troisième division se dirige sur les hauteurs, afin de tourner les positions qu'occupent les troupes du pacha. La cavalerie française commence vigoureusement l'attaque. Les mamelucks tournent bride et s'enfuient à la hâte en poussant d'horribles hurlements ; en se sauvant, ils tombent sur notre division ; mais, dans un feu de file bien nourri, à quinze, douze et six pas, nous en démontons plus de deux cents. Le gros de la cavalerie ennemie continue sa retraite, toujours poursuivie par les Français, et nous arrivons presque aussitôt qu'elle aux portes de Gaza, que nous traversons en courant, pour ne nous arrêter qu'à une lieue au delà sur les hauteurs qui dominent la ville.

Le 26 et le 27, nous séjournons à Gaza, bivouaqués en avant et en arrière de la ville. Nous vivons assez bien, ayant pour nourriture des veaux, des moutons et des chèvres trouvés à Gaza, du biscuit, du riz et d'excellente eau fraîche, dans laquelle nous mêlons du jus de citron.

Le 28, nous continuons notre route, nous dirigeant sur Jaffa, où nous arrivons après la marche la plus pénible à travers une plaine immense, aride, couverte de monticules de sable mouvant, que notre cavalerie ne peut franchir qu'avec beaucoup de peine. Les chameaux eux-mêmes ne s'avancent que difficilement dans cette masse de poussière, où les canons entrent jusqu'à l'essieu ; nous poussons aux roues, qui ne peuvent tourner, et nous faisons avancer les affûts comme des traîneaux... Le soir, nous bivouaquons dans un bois de chênes verts, où nous n'avons pas une goutte d'eau. Le lendemain, auprès du village d'Ezdebon-Azots, nous trouvons un peu d'eau saumâtre. Enfin, le 2 mars, nous quittons ce sol ingrat pour nous rapprocher de la mer ; nous longeons le rivage dans la direction du bourg de Ramleh, habité presque en entier par des chrétiens. Les mamelucks qui s'y étaient postés l'abandonnent à notre approche. Nous y trouvons des vivres et des munitions, de même qu'à Gaza ; car les Orientaux, n'ayant point l'usage, comme les Européens, de faire évacuer leurs magasins à l'arrivée de l'ennemi, ne se retirent de leurs positions qu'à la dernière extrémité.

Le 3 mars, nous arrivons à Jaffa. Le 4, nous allons prendre position sur le torrent de Koïa, à deux lieues de Saint-Jean-d'Acre, pour contenir les Naplousins, qui se rassemblaient dans cette région. Le 5, nous nous rendons à Miski, village à quatre lieues de Saint-Jean-d'Acre ; nous y restons tout le temps que dure le siège de

Jaffa. Cette ville est prise d'assaut le 7 ; mais la conduite de nos soldats nous devient funeste, en apportant dans nos rangs le fléau destructeur de l'Orient, qui régnait sur les côtes de la Syrie ; comme ils s'étaient emparés, dans le pillage, des vêtements de

Jaffa.

pestiférés, la contagion ne tarde pas à les atteindre, et bientôt elle gagne notre division.

Je n'ai jamais pris de précaution contre cette horible maladie ; je tâchais de n'y pas penser. Je donnais continuellement des secours à ceux qu'elle atteignait, et je les menais, en les tenant sous le bras, à l'emplacement désigné pour eux ; je les embrassais en les quittant, et j'ai reçu de quelques-uns divers objets ; cependant je n'ai pas été un seul instant malade. Plusieurs de mes camarades restaient indifférents comme moi sur la manière dont nous devions terminer nos jours, ayant peu d'espoir de revoir jamais notre belle France.

Je commençais à parler passablement l'arabe, et, pendant mon séjour à Miski, je m'instruisais avec nos guides des mœurs de leur pays.

Le 14 mars, nous quittons Miski ; le 15, nous nous dirigeons sur Zeta, que nous traversons après un combat opiniâtre contre les Naplousins ; le 16, nous nous avançons jusqu'au pied du mont Carmel, où nous trouvons bien à propos des magasins de riz, car nous manquions de vivres depuis plusieurs jours.

Le 19, nous arrivons, avec toute l'armée, pour prendre position devant Saint-Jean-d'Acre, dont nous commençons le siège dès le lendemain, et que nous continuons, par divers ouvrages, jusqu'au 26. Plusieurs assauts sont livrés jusqu'au 1er avril, mais sans résultats décisifs.

Nous manquions de vivres et nous n'avions que de mauvaise eau. Pour augmenter notre situation critique, nos munitions s'épuisent peu à peu. Pour remédier à cette absence de munitions les généraux invitent les soldats à aller ramasser les boulets, tirés des vaisseaux anglais sur le rivage, ainsi que ceux des assiégés aux alentours de la place. On promet de payer ces boulets, selon le calibre, douze, neuf, huit, six et quatre sous. Dans une seule journée, nous en déposons plusieurs milliers dans notre parc, car j'y allais, comme mes camarades, plutôt par fanfaronnade que par besoin d'argent pour acheter le peu de vivres que les Druses apportaient au camp et qu'ils faisaient payer fort cher ; je recherchais volontiers, par goût, les aventures périlleuses, ayant à cette époque plus de quatre-vingts louis, et mes camarades m'en devaient

bien autant. C'était, pour la plupart d'entre nous, une distraction
et un plaisir que d'aller sur le rivage narguer les Anglais; dès
que nous nous apercevions qu'ils allaient tirer, nous nous cou-
chions par terre, et, aussitôt la bordée lâchée, nous courions
ramasser les boulets, malgré la continuation du feu. Un assez

Saint-Jean-d'Acre.

grand nombre de soldats furent toutefois tués de la sorte, mais il
nous fallait de quoi nous battre.

Le 2 avril, on organise par corps d'infanterie une compagnie
d'éclaireurs, composée de soixante-quinze hommes, dont trois
officiers. Je fais partie de la 9e, comme sergent. Le lendemain,
nous devons monter à l'assaut; aussi nos baïonnettes sont-elles
aiguisées jusqu'au talon.

Le 3, nous tentons un assaut. Nous parvenons à gagner une tour, et nous faisons éprouver à l'ennemi une perte considérable; ma compagnie a dix-sept hommes tués, dont deux sergents et un caporal.

Saint-Jean-d'Acre est fortifiée à la manière du xiie siècle, avec de mauvaises courtines flanquées de tours carrées; mais des ouvrages supplémentaires avaient été établis avec habileté par un officier d'artillerie français au service de la Porte, qui avait fait élever une nouvelle ligne de fortifications derrière la ville, armée de l'artillerie fournie par les vaisseaux anglais.

Le 6, à 5 heures du matin, après avoir été de piquet pendant la nuit à la réserve de la tranchée avec ma compagnie d'éclaireurs, nous apercevons l'ennemi. Il faisait une sortie nombreuse sur différents points. Nous prenons nos armes et, sans suivre les chemins couverts, nous fonçons dans les boyaux, en les franchissant les uns après les autres jusqu'au dernier, où nous nous trouvons pêle-mêle avec ces enragés de Turcs. J'en tuai plusieurs, et je fus remarqué du général Lagrange. Après trois quarts d'heure d'un combat à la baïonnette, les Turcs rentrent, et nous gardons les boyaux, d'où nous continuons de tirailler sur l'ennemi jusqu'à midi.

Ce jour-là, j'affrontai tous les dangers sans la moindre crainte de la mort; elle ne m'avait pas atteint dans la terrible mêlée de la matinée, et je me croyais invulnérable. Je montai sur le parapet d'un boyau où, servi par deux de mes camarades qui chargeaient mon fusil et les leurs, je ne faisais que tirer les armes qu'ils me passaient. Je me trouvais tout à fait à découvert sous le feu de la mousqueterie de l'ennemi, qui tirait des remparts sur moi. Je reçus huit balles, mais deux seulement me firent une contusion à la cuisse droite. Je restai à cette place pendant cinq quarts d'heure, malgré les observations de mes chefs et de mes camarades, et après avoir usé dix-sept paquets de cartouches.

A 2 heures de l'après-midi, nous rentrons au camp. Dès mon arrivée, le chef de brigade Marpande me fait demander. Je me rends chez lui; il me complimente sur la conduite que je viens de tenir; il en instruit le général Reynier, qui m'écrit à ce sujet une lettre des plus flatteuses. Je suis nommé sergent-major de la 3ᵉ compagnie du 3ᵉ bataillon de la 9ᵉ et, le lendemain, porté à l'ordre du jour de l'armée.

Le 7, je pars avec la division Kléber, qui marche contre les Naplousins et qui porte des secours au général Junot, qui avait pris Nazareth. Je suis les divers mouvements de cette division.

Le 16 avril 1799, sous le commandement du général Kléber, nous quittons Nazareth à 1 heure du matin. Chaque soldat a de quatre-vingts à cent cartouches. Nous nous dirigeons vers l'armée du pacha de Damas, réunie à celle des Naplousins, pour en venir à une action décisive. Nous avançons jusqu'au village de Foulé, en deux carrés, pour surprendre l'ennemi dans son camp; mais, égarés par notre guide, nous n'arrivons qu'à 10 heures du matin en présence de l'ennemi. Néanmoins notre subite apparition jette un peu de confusion dans l'armée musulmane. Le général Kléber en profite et ordonne l'attaque. Le combat est bientôt engagé.

Depuis que je suis soldat, ayant fait les campagnes de Hollande, d'Allemagne et d'Italie, je ne m'étais jamais vu assailli par des forces aussi nombreuses que celles au milieu desquelles nous nous trouvions, à proportion de notre nombre. Il y avait au moins dix Turcs contre un Français, et il fallait, en effet, des soldats

3

français pour ne pas céder à un premier mouvement de surprise et de terreur.

Cette nuée d'hommes armés essaye d'entamer nos carrés par des charges continuelles d'une innombrable cavalerie, par les attaques d'une infanterie qui se précipite sur nous en désordre et en poussant, selon l'usage des Orientaux, des cris épouvantables ; chaque fois notre masse inébranlable, qui leur offre la mort de toutes parts, les repousse par un feu de file bien nourri, pendant que notre artillerie les foudroie de sa mitraille et fait un ravage terrible dans leurs rangs.

Sur les 2 heures de l'après-midi, nos carrés se trouvent retranchés derrière un rempart de cadavres d'hommes et de chevaux et d'une immense quantité de blessés hurlant comme des bêtes féroces.

C'était la première fois que je voyais le front d'une ligne de bataille couvert de morts et de blessés en aussi grande quantité.

Nos munitions commençaient à s'épuiser. Le général Kléber nous recommande de les ménager, sachant bien que les Turcs, selon leur coutume, cesseraient de combattre après le coucher du soleil, et se proposant alors de profiter de la retraite de l'ennemi pour le poursuivre avec vigueur. C'est ce que nous faisons, en effet, à l'heure où l'armée musulmane veut se retirer, et nous ne nous arrêtons qu'au pied du mont Thabor, où nous passons la nuit.

C'est à l'admirable combinaison des mouvements opérés par le général que nous devons cette brillante victoire, l'un des plus beaux faits d'armes que l'histoire puisse citer.

Le 21 avril, nous rentrons au camp de Saint-Jean-d'Acre, et nous en continuons le siège.

La compagnie d'éclaireurs formée dans la 9ᵉ était toujours maintenue à soixante-quinze hommes. J'ai encore l'honneur d'en faire partie, comme sergent-major. M'attendant de jour en jour à augmenter le nombre de ceux qui seraient à relever nos parapets, je fais mon testament, en distribuant ma petite fortune selon mes sentiments d'amitié.

Dans nos assauts, on avait remarqué que les assiégés, pour défendre leur front, dont presque toutes les pièces étaient démontées, avaient établi une place d'armes en avant de leur droite et qu'ils travaillaient à en établir une seconde sur la gauche. Protégés par l'artillerie de la place, ils jouissaient d'un grand avantage pour l'établissement de ces ouvrages extérieurs, tandis que, pour nous en emparer et nous y maintenir, nous n'avions plus assez d'artillerie ni de munitions. Nous en avions bien enlevé parfois de vive force, mais jamais nous n'avions pu nous y maintenir.

Pour moi, je fondais mon espoir sur notre grosse artillerie.

Le 27, quatre pièces crachaient un feu terrible contre la place. Je prends plaisir, avec un de mes camarades, à servir et tirer une pièce de 32, et, à chaque coup, je vois tomber en grande quantité des pierres des remparts, dont nous n'étions pas éloignés de plus de vingt-cinq à trente pas ; mais les autres batteries n'étaient dirigées que contre une tour fatale, que l'on s'obstinait à abattre. Le soir, cependant, elle est démolie en entier, et vingt grenadiers de la 9ᵉ sont commandés pour s'en emparer ; mais l'ennemi les fusille presque tous. Seize d'entre eux sont tués, et nous voyons les barbares que nous combattions couper les têtes de nos infortunés camarades pour les offrir à notre vue.

Dans la nuit, le général Bon réunit toutes les compagnies d'éclaireurs pour tenter une attaque, afin de profiter des préjugés des Turcs, qui se croient en sûreté après le soleil couché. Ma compagnie se trouvait à droite et devait s'emparer d'une batterie ennemie peu éloignée du bord de la mer. Nous étions tous couchés le ventre à terre, le fusil armé et la baïonnette bien aiguisée, retenue par une courroie de la douille à la deuxième capucine. Les remparts étaient plus éclairés qu'à l'ordinaire ; un cordon de lanternes était établi le long des murs ; cette lumière, jointe à celle des matières inflammables et à celle des pots à feu lancés à chaque instant, éclairait parfaitement les glacis. Vers 11 heures, le général Bon donne le signal convenu. Nous nous levons promptement, nous sautons dans les ouvrages en faisant feu, puis nous continuons d'avancer à la baïonnette. Notre attaque a le plus grand succès ; partout nous culbutons l'ennemi. Ma compagnie s'empare de la batterie, et nous nous trouvons pêle-mêle avec les Turcs. Malgré la confusion, nous enclouons trois pièces ; nous nous battons pendant au moins dix minutes ; le capitaine Sabatier, qui nous commandait, reçoit dix-sept coups de sabre ; le feu de la place, qui plonge sur nous, nous empêche de nous maintenir ; notre lieutenant est tué, ainsi que soixante-trois sous-officiers et soldats, et la compagnie, en se retirant, est réduite au sous-lieutenant, huit soldats et moi, qui n'ai reçu que quelques légers coups de sabre et deux fortes contusions à la cuisse droite, ce qui ne m'empêche pas de continuer mon service.

A la pointe du jour, l'ennemi fait une sortie, reprend ses ouvrages, coupe la tête aux morts et aux blessés que nous n'avons pu sauver, et, sur les six heures, nous rentrons au camp, désespérés de notre mauvaise fortune, en maudissant Saint-Jean-d'Acre.

Les assiégés font une nouvelle sortie, et, avant d'être repoussés, ils ont le temps de faire éventer la mine, de défaire les châssis et de combler le puits ; de sorte qu'il nous fallait encore recourir à cette infernale tour carrée, seul point où l'on pouvait continuer l'attaque.

Ma compagnie est remise au complet, et, quoique souffrant beaucoup, je continue d'en être le sergent-major ; elle est commandée par le capitaine Lalande.

De nouveaux obstacles viennent ajouter aux difficultés d'un siège dont la longueur, indépendamment des fatigues et des privations de tout genre, fait murmurer les soldats. Une trentaine de bâtiments ennemis entrent dans le port, venant de l'île de Rhodes, et portent aux assiégés un renfort de troupes et de munitions. Dès lors, il devenait urgent de s'emparer de la place avant d'y laisser pénétrer ces secours.

Le 28, à 4 heures du matin, les compagnies d'éclaireurs se rendent à la tranchée, pour renouveler l'attaque de la place d'armes et des boyaux des glacis. Nous nous tenons le long des aqueducs, et nous attaquons à 8 heures. A 10 heures, les ouvrages étaient enlevés comme dans les attaques précédentes.

Cette fois, nous pénétrons dans l'infernale tour carrée, après avoir comblé les boyaux avec les cadavres des musulmans. Nous prenons cinq drapeaux, quatre canons, et nous en enclouons cinq de la batterie de droite, du côté de la mer.

Je pris un drapeau que je portai, après l'action, à l'état-major, au général Berthier, qui m'en donna un reçu.

La résistance prolongée des assiégés, le feu terrible des remparts, rien ne peut arrêter notre impétuosité. Ma compagnie perdit vingt-sept hommes. Jamais, je crois, les Français n'avaient montré une audace plus surnaturelle ; jamais les champs de la Palestine n'avaient été témoins d'une lutte aussi sanglante. Généraux, officiers, soldats, tous combattaient pêle-mêle dans la tranchée et accomplissaient des prodiges de valeur.

La terrible tour carrée étant en notre pouvoir, nous nous servons des morts entassés sur les décombres pour faire des épaulements.

Un convoi de munitions nous arrive de Gaza. Il venait fort à propos, car nous manquions de tout, excepté de boulets : les vaisseaux anglais se chargeaient de nous en fournir, comme je l'ai déjà dit.

Dans l'après-midi, le combat redouble avec plus d'acharnement. Après deux heures de la plus violente canonnade, la courtine de la tour carrée s'écroule en partie et forme trois brèches presque praticables. Les compagnies d'éclaireurs commencent l'assaut. Nous nous jetons dans les boyaux, suivis par la division Lannes ; nous escaladons les remparts et les brèches, et deux cents hommes, que précédait le brave général Rambaud, pénètrent dans la place. Le cri de « Victoire! » se fait entendre. Nous nous croyons maîtres de Saint-Jean-d'Acre, lorsque nous sommes arrêtés tout à coup par une seconde enceinte et un fossé large de dix-huit pieds sur autant de profondeur. Malgré la surprise que nous cause cet obstacle imprévu, nous nous précipitons dans le fossé pour atteindre l'autre côté ; mais les Turcs, qui tenaient encore sur les débris d'un bastion, arrêtent par un feu très vif de mousqueterie les soldats qui venaient nous soutenir ; un autre feu, parti des maisons et des rues, nous prend en face et à revers. Ceux qui nous suivaient, étonnés, hésitent ; ceux qui se trouvaient à la brèche descendent promptement dans le fossé ; ceux qui étaient parvenus sur l'ancien rempart se croient abandonnés, et ils reviennent en désordre, sans avoir le temps d'enclouer deux canons et vingt obusiers dont nous nous étions emparés.

Nous rentrons au camp à 2 heures, harassés de fatigue, mourant de faim, couverts de sang et les habits déchirés, avec la douleur de n'avoir pu soutenir ceux de nos camarades qui étaient entrés dans la ville et dont nous ignorions le sort, ainsi que celui du brave général Rambaud qui les commandait.

Ma compagnie eut trente-quatre hommes tués dans cette affaire, au nombre desquels mon capitaine et mon lieutenant. Pour moi, je me demande comment j'existe encore, ayant été près de trois heures exposé à la fusillade et à la mitraille de l'ennemi.

Nous rentrons au camp en murmurant, enrageant d'une existence que nous ne pouvions plus supporter dans notre désespoir, et ne demandant qu'à combattre. Nos forces étaient tellement réduites, que les assiégés étaient plus en état de nous attaquer dans notre camp que nous de continuer le siège.

Nous apprenons, dans la nuit, que les deux cents braves commandés par le général Rambaud, ayant pénétré dans la ville, ne se voyant point suivis et perdant alors tout espoir, avaient pris la résolution de périr jusqu'au dernier, connaissant l'usage barbare des Turcs de ne point faire de prisonniers. Ils s'étaient emparés d'une mosquée et s'y défendaient comme des lions contre des tigres nombreux qu'animait le boucher Djezzar. Déjà l'intrépide général Rambaud et plusieurs de ses vaillants compagnons avaient succombé; la mosquée allait être forcée, quand le commodore Smith arriva avec un détachement d'Anglais pour sauver cette poignée de braves. Il leur démontra l'inutilité de leur défense, et ils se rendirent à lui.

Le 1.er mai, nous tentons un nouvel assaut aussi inutile que les précédents.

Le 4, vers 10 heures du soir, ma compagnie est disposée pour s'emparer des boyaux en dehors, le long des remparts défendus par une batterie de sept pièces de canon et par le feu des murs de la place. A un signal convenu, trois coups sur la giberne, nous sautons dans les boyaux; nous les prenons, ainsi que les canons, que nous enclouons; nous en comblons une partie, mais le feu soutenu de l'ennemi nous empêche de détruire en entier ces ouvrages, et nous sommes contraints d'évacuer.

De nos boyaux à ceux que l'ennemi avait établis le long des remparts il y avait si peu de distance, que nos fusils se croisaient sur les parapets et que plusieurs fois les Turcs en arrachèrent par surprise en les tirant par la baïonnette. Il nous est aussi souvent arrivé de rejeter aux Turcs les grenades qu'ils nous lançaient, et, avant d'éclater, elles étaient jetées trois ou quatre fois comme des ballottes.

Nous rentrons au camp à 2 heures du matin.

Le 5, on remet au complet les compagnies d'éclaireurs. A 10 heures du soir, elles se rendent à la tranchée pour tenter une surprise comme la veille. Ma compagnie perd trois officiers et trois soldats. Quant à moi, j'échappe encore comme par miracle.

Le 6, on renouvelle les compagnies d'éclaireurs. Malgré la destruction presque totale de ces compagnies, qui n'existaient pour ainsi dire plus, les soldats se disputaient à qui en ferait partie. J'en ai vu pleurer en disant à leurs colonels : « Ne suis-je pas aussi bon soldat et aussi brave que tel ou tel qui marche avant moi? » A quoi les colonels répondaient : « Votre tour viendra. »

A 8 heures, nous tentons un nouvel assaut; mais nous ne pouvons encore nous maintenir; ma compagnie a sept hommes tués et onze blessés.

Le 7, la demi-brigade de tranchée s'empare de la brèche, des boyaux et de la tour carrée. Elle se maintient dans cette dernière, où elle établit un fort poste.

Le 8, notre artillerie fait une brèche. Une partie de la division Lannes monte à l'assaut; mais, écrasée par le feu des Turcs, elle est forcée de battre en retraite.

Le 9, ma compagnie est de piquet avec le 3e bataillon de la 9e. L'ennemi fait une sortie, repousse nos postes et prend une partie de nos boyaux. Nous sommes désignés pour les reprendre, aidés de la 9e et de la 13e. On bat la charge, et, malgré le feu soutenu de l'ennemi, nous ne prenons aucune précaution pour suivre les boyaux; nous les franchissons le corps à découvert de la tête aux pieds, et nous les reprenons. Nous nous trouvons mêlés avec les Turcs, qui fuient dans le plus grand désordre pour regagner leurs retranchements. Moi, ne pouvant craindre la mort, puisqu'elle m'avait épargné tant de fois, et me confiant à ma bonne fortune, sans songer au danger, je poursuis les Turcs et bientôt me trouve seul au milieu d'eux. Les uns me tirent par mon habit, les autres veulent s'emparer de mon fusil. Je suis alors tellement serré, qu'il m'est impossible de me défendre. Mais, encore épouvantés des dangers qu'ils viennent de courir, ils ne me donnent aucun coup et se bornent à vouloir m'entraîner dans la ville. A ce moment, mes camarades sautent dans le boyau où j'étais; les Turcs m'abandonnent pour rentrer précipitamment dans la place... Je suis si étourdi de ce qui vient de m'arriver, que je reste un certain temps à me remettre, et qu'ensuite, sans réfléchir que je viens d'échapper à une mort presque certaine, je me mets à rire avec eux de cet événement, qui se réduit à la perte de mon chapeau. Mon habit est déchiré depuis la taille jusqu'au milieu du dos; je le remplace par celui d'un mort. Dans cette affaire, la perte de ma compagnie fut de onze hommes.

Le capitaine Lalande rend compte de ma conduite à son chef de brigade, et je reçois de nouvelles félicitations de la part du général Reynier.

Dans la nuit, la division Kléber rentre au camp, devant Nazareth.

Le 10, à 1 heure du matin, les compagnies d'éclaireurs réorganisées partent pour la tranchée. A 6 heures, soutenus par les carabiniers de la 2ᵉ et les grenadiers des 9ᵉ, 19ᵉ et 75ᵉ, que conduisait le général Verdier, nous nous élançons sur la brèche; nous surprenons les postes et les égorgeons, et pour ma part j'en tue quelques-uns. Nous avançons avec audace sur la brèche, dans l'espérance de nous emparer de la place; mais la seconde enceinte nous arrête encore, et nous sommes forcés de nous retirer avec perte.

Ma compagnie a douze hommes tués, dont le sous-lieutenant, et quinze blessés. Je suis au nombre de ces derniers; mais mes blessures ne sont que des contusions faites par la mitraille ou les pierres, ce qui ne m'empêche pas de rester à mon poste. Comme mes camarades, j'étais las de souffrir; mourant de faim, sans repos, empestés par l'odeur des cadavres, l'existence nous était à charge.

On ne peut guère se faire une idée des calamités de toutes sortes qui nous accablaient. La peste étendait ses ravages dans nos rangs et remplissait nos esprits d'une sombre terreur. Cette effroyable maladie était augmentée par l'odeur qu'exhalaient les corps en putréfaction auxquels on ne pouvait donner la sépulture, le cruel Djezzar ne voulant accorder dans ce but aucune suspension d'armes.

Les cadavres des Turcs et ceux de nos malheureux compagnons
étaient entassés dans les fossés et dans les tranchées, et le feu de
la place ne nous permettait pas de prendre le temps de les enlever,
de les brûler ou de les couvrir de terre. D'un jour à l'autre nous
étions de tranchée, et il nous fallait passer vingt-quatre heures

Le Mont-Carmel.

parmi les morts, assis sur les moins putréfiés, ayant constamment
le mouchoir sous le nez et ne pouvant ni boire ni manger dans
cette position, à cause de l'odeur insupportable qui nous suffoquait.

De nouveaux assauts ont lieu les jours suivants, et notre artillerie écrase presque entièrement les remparts du côté du palais
du pacha.

Le 16, l'ennemi fait une sortie sur différents points et par les brèches, malgré notre feu. A 9 heures, ne pouvant plus me soutenir, je cherche à me retirer en me traînant à terre. A ce moment, les Turcs sortent de leurs boyaux ; je me relève et me défends contre ces enragés ; mais je reçois cinq coups de sabre sur les bras et sur la tête, dont l'un me coupe la peau du front au-dessus de l'œil droit. Et je tombe. Le feu était très vif ; aussi ne prennent-ils pas le temps de m'achever et de me couper la tête, selon leur usage. Revenu de mon étourdissement, je veux fuir. Au moment où j'essaye de marcher, une bombe éclate auprès de moi et me casse le bras gauche ; alors je suis forcé de rester. Quelques soldats, peu éloignés de moi, m'aperçoivent, et, malgré le danger, ils accourent et me traînent à l'ambulance, où je suis pansé par le chirurgien en chef Larrey, qui me remet le bras.

Dans cet état, incapable de continuer la campagne, on me propose de m'embarquer avec d'autres blessés. Je refuse... Mon étoile m'avait bien servi : le bâtiment sur lequel je devais partir fit naufrage, ayant été jeté à la côte de l'isthme de Suez.

Enfin on parle de notre retraite.

Le 19, il n'y avait plus que la 9ᵉ devant la place.

Le 20, l'ennemi fait une sortie si brusque, que les deux tiers de nos postes sont égorgés. Moi, le bras en écharpe, le front et la tête couverts de linge et de charpie, je reste à la garde du drapeau, auprès des aqueducs. L'ennemi arrive jusqu'à nous. Nous nous retirons dans un boyau couvert par une batterie qui tirait sur la ville. A peine en cet endroit, un boulet parti d'un fort voisin tombe au milieu de nous, tue trois sergents-majors, deux fourriers, coupe les deux jambes à mon ami Noël, sergent-major, et une à un fourrier, dont la cervelle rejaillit sur moi... Un instant avant,

ils me promettaient leurs soins, et c'est moi qui leur survivais...
Je respirais encore !

Enfin, le même jour, on lève ce maudit siège, y laissant sept mille morts, après soixante jours de tranchée. Quinze cents blessés sont dirigés vers l'ancienne Tyr. Mais, en quittant Saint-Jean-d'Acre, nous y laissons des souvenirs de la valeur française.

Je suis de la division Reynier, qui part dans le plus profond silence, tirant à bras l'artillerie, et nous allons bivouaquer au nord de la ville de Jaffa, où nous arrivons le 25. Les jours suivants, la division continue une marche pénible et d'autant plus fatigante pour moi, que je souffrais cruellement de mes blessures qui n'étaient point pansées. Beaucoup de blessés meurent de besoin, d'autres ne peuvent suivre l'armée faute de transports ; les chameaux et les chevaux tombaient de lassitude à chaque pas.

Le 14 juin 1799, nous arrivons au Caire, où trente-trois drapeaux pris sur l'ennemi sont déposés dans la grande mosquée. Deux avaient été pris par moi. (Je les ai vus plus tard à la voûte des Invalides.)

Deux de mes blessures étant cicatrisées, comme j'avais assez d'argent pour me faire traiter, je prie M. Welkar, chirurgien-major de la 9e, de me donner ses soins, ce qu'il m'accorde avec plaisir. Alors j'achète deux petits matelas de coton, deux couvertures de soie à l'usage du pays, et je me fais faire un lit de branchages de palmier. Je prends un jeune nègre pour me soigner, et en peu de temps mes forces reviennent. Chaque fois que mes camarades ou mes chefs me rencontrent, ils me disent qu'un brevet d'officier sera la récompense de mes blessures ; mais je demande au chef de la 9e de tâcher de me faire plutôt passer dans le corps des *Dromadaires,* si on veut m'accorder de l'avancement. En effet, le 9 juillet, je suis nommé maréchal des logis chef de la compagnie Joubert (3e), escadron Lebrun (2e), des dromadaires, commandés par M. Cavalier. J'étais plus content, je l'avoue ; mon amour-propre était plus flatté d'entrer dans ce corps que si j'avais été nommé officier, car c'était l'élite de l'armée.

Le 12, réunis au nombre de trois cents, montés et habillés, nous passons la revue de départ. Quoique très faible encore, le bras en écharpe et un bandeau de taffetas noir sur l'œil droit, je suis dans les rangs.

J'achète un âne pour mon nègre, et je dépose chez M. Huet, quartier-maître de la demi-brigade d'où je sortais, deux mille six cents francs en or et en argent, dont il me donne un reçu signé du conseil d'administration.

Chaque cavalier était monté sur un dromadaire. Une selle enclavait la bosse de cet animal extrêmement doux, qui était sanglé à l'estomac et aux flancs. Notre bride consistait en une espèce de licol garni de drap bleu céleste, avec un morceau de fer crénelé à la muscrolle, le tout tenu par des rênes ordinaires. Deux grandes sacoches pendaient des deux côtés de la selle et contenaient les vivres du dromadaire pour huit à dix jours et ceux du cavalier pour quinze à vingt jours. Notre coiffure était un turban blanc surmonté d'une plume d'autruche noire. Le petit costume se composait d'un dolman et d'une ceinture à la hussarde, d'un large pantalon rouge et de bottes de même couleur. En grande tenue, nous avions une tunique à la polonaise en drap bleu céleste, parements rouges et boutons blancs. Nos armes étaient un sabre porté à la mameluck, avec des cordons de soie rouge ; une giberne comme l'infanterie ; un fusil à la dragonne, deux pistolets à la ceinture et deux dans les fontes de la selle. Un grand nombre d'entre nous avaient des damas plus ou moins riches, pris aux Turcs. Le mien était fort riche et excellent.

Éclaireurs de l'armée, les soldats dromadaires faisaient vingt, vingt-cinq et trente lieues par jour; leurs montures restaient quatre, cinq et six jours sans boire.

Le 14, nous partons du Caire avec la 32ᵉ, et nous allons bivouaquer aux Pyramides.

Le 15, nous sommes envoyés contre le fameux Mourad-Bey, qui a fait tant de bruit pendant la guerre d'Égypte; mais nous ne le rencontrons point. »

Le maréchal des logis chef François assiste, avec le corps des dromadaires, à diverses batailles, dont nous ne parlerons point parce qu'il n'y arrive rien d'extraordinaire qui lui soit personnel, du 15 juin au 10 octobre. Il fait, en ordonnance, plusieurs voyages dans la haute Égypte, notamment à Corsier, Siout et Thèbes.

Le 10 octobre, il est chargé d'un message pour le général Desaix, surnommé le *Sultan juste*. Il part du Caire pour Siout avec un Arabe qui lui sert de guide, et, sur la route, il est parfaitement reçu par les cheiks des villages où il s'arrête. Mais laissons-le continuer son récit :

« Le 17 octobre, notre escadron, sous le commandant Brun, part pour Siout, où nous allons rejoindre le général Desaix. Nous arrivons le 19, et nous nous dirigeons sur les côtes de la mer Rouge, du côté de Girzé, où les Anglais tentaient un débarquement, secondés par Mourad-Bey. Nous attaquons ce chef arabe avec la brigade du général Morand, et nous lui prenons quatre-vingts chameaux chargés de munitions. Nous, dromadaires, nous poursuivons jusqu'à Samanhoud les mamelucks et nous en tuons cinquante-sept; nous leur prenons cent chevaux harnachés et deux cent quinze chameaux. Guidé par les Arabes de la tribu d'Oasis, Mourad-Bey errait dans le désert et se dérobait à nos recherches. Après des courses inutiles, nous allons rejoindre à Siout le général Desaix.

Le 22, le général Desaix envoie un parlementaire à Mourad-Bey; mais celui-ci, ne se croyant pas encore assez vaincu pour se soumettre, repousse avec dédain les propositions de paix de son généreux ennemi. Alors, le même jour, Desaix tente un dernier effort pour anéantir l'enragé bey. Il rassemble neuf cents dromadaires; il fait monter un nombre égal de chasseurs sur ces animaux : nous étions déjà trois cents, nous formons alors un corps de douze cents dromadaires.

Après deux jours de manœuvres pendant lesquels on habitue les nouvelles montures au bruit de la mousqueterie et du canon, le général Desaix nous partage en deux colonnes. Il prend le commandement de la première et donne la direction de la seconde à l'adjudant-général Boyer. Je fais partie de cette dernière. Le 24, nous arrivons près des frontières de Fayoum, où nous atteignons Mourad-Bey. En voyant ce nouveau genre de cavalerie, le chef arabe s'imagine qu'il va nous écraser facilement avec sa légère cavalerie de mamelucks; mais nous mettons pied à terre, nous formons nos dromadaires en carré, nous nous plaçons en dedans, nous en servant comme de retranchements, et nous attendons ainsi messieurs les musulmans. Ils se précipitent sur nous avec fureur en poussant d'effroyables cris. Lorsqu'ils sont arrivés à dix pas de nos dromadaires, nous commençons un feu de file si bien

nourri, que nous les arrêtons dans leur course, et nous en éten-
dons plus de cent sur le sable, ainsi qu'un assez grand nombre de
chevaux; le reste prend la fuite. Nous remontons sur nos dromadaires et nous poursuivons l'ennemi; mais nous ne l'atteignons
qu'au moment où il passait le Nil, auprès du village de Dot-

Siout.

Fichhed, se dirigeant vers la ville de Suez, port de la mer Rouge,
à environ trente lieues du Caire. En nous voyant si près de lui,
Mourad-Bey remonta vers la haute Égypte en suivant la rive droite
du Nil.

Le fameux chef arabe était trop harassé pour soutenir aucune
attaque; ses chevaux étaient épuisés de fatigue et de besoin,
tandis que nos dromadaires portaient des vivres et de l'eau pour

plusieurs jours. Aussi l'ennemi perdit-il plus de trois cents des siens.

Après quatre jours d'une marche aussi longue que fatigante, le général Desaix nous ramène à Siout. Ce général n'aimait point ce genre de guerre : il nous le disait et s'en plaignit au général Kléber, qui le demanda près de lui pour marcher, nous dit-on, du côté de la Syrie, contre l'armée du grand-vizir.

Le 31, le général Desaix est en effet rappelé. Il part aussitôt, à marches forcées, avec un bataillon d'infanterie, cent cinquante dragons du 20°; vingt-cinq dromadaires, dont je fais partie, forment son avant-garde.

Le 2 novembre, nous entrons dans la ville du Caire.

(Il n'arrive rien digne d'être relaté à notre narrateur jusqu'au 11 janvier 1800.)

Le 11 janvier, au nombre de cinquante dromadaires, nous escortons le général Desaix jusqu'à Gaza, pour traiter la convention de la rentrée en France de notre armée, forte à cette époque de dix-huit mille hommes.

Pendant notre séjour à Gaza, où les plénipotentiaires discutaient les articles de la convention avec le grand-vizir, ce dernier ordonne de nous bien traiter. Ces hordes de barbares regardaient avec surprise notre singulier corps. Nous nous trouvions au milieu d'une foule d'esclaves de toutes les nations et de toutes les couleurs. On nous nourrit avec du mouton rôti, de la volaille, du pain noir et du cidre de dattes. Les janissaires sont constamment autour de nous et nous font mille questions, auxquelles nous ne pouvons répondre, car pas un de nous ne connaît la langue turque.

Le jour de notre départ, le grand-vizir témoigne le désir de voir les dromadaires français prêts à se mettre en route. On nous conduit sous une très grande tente ronde dont la porte d'entrée, formée de deux mâts surmontés d'un croissant doré, a plus de vingt pieds d'élévation. L'extérieur est en toile de coton à lames bleues et blanches; l'intérieur est en damas cramoisi brodé en or. Cette tente, en dôme, pouvait contenir au moins deux escadrons. A peine y sommes-nous entrés et rangés en bataille, que le grand-vizir y arrive, précédé d'esclaves et accompagné du général Desaix. Il se nomme Jussuf, est très petit, richement habillé et porte le turban vert. Il passe devant nous, nous examine avec attention; et, après avoir demandé au général Desaix, par son interprète, si nous n'avons pas été insultés dans son camp, il fait appeler son trésorier et lui ordonne de nous donner cinq pièces d'or de la valeur de six livres neuf sous de notre monnaie. Ensuite nous défilons devant lui et nous nous remettons en route, escortés par des spahis jusqu'aux avant-postes, où ils nous quittent en nous faisant les adieux selon l'usage des Turcs.

Nous arrivons à Salahief le 28 janvier.

(Rien de particulier jusqu'au 19 mars.)

Le 19, l'armée reçoit l'ordre de se tenir prête à partir. Il est distribué à chaque soldat soixante cartouches. Tous sont impatients de les brûler pour venger nos camarades massacrés à El-ar-Ryck le 28 décembre, après avoir longtemps résisté à des forces considérables.

La nuit, le général Kléber, son état-major, les guides à pied et à cheval et les dromadaires, se rendent dans la plaine de

Goubbeh, où était l'armée du grand-vizir. Nous nous préparons à combattre des ennemis infidèles à leurs traités. La clarté du ciel, toujours serein dans ces climats, suffit pour exécuter avec ordre tous nos mouvements ; mais elle n'est pas assez vive pour que les Turcs les aperçoivent, et nous les faisons dans le plus profond silence. Les soldats ont leurs baïonnettes attachées à la douille avec une courroie de cuir à la seconde capucine, et la cavalerie a fait donner le fil aux sabres. Nous sommes tous disposés à bien nous servir de nos armes.

A 11 heures du soir, le général passe devant notre ligne de bataille et nous encourage ; nous n'en avions pas besoin.

Notre armée, forte d'environ dix mille hommes, était partagée en cinq divisions, dont une de cavalerie. Les quatre divisions d'infanterie, en carrés de deux rangs de profondeur, forment la ligne. L'artillerie est placée dans l'intervalle d'un carré à l'autre. La cavalerie, entre les deux premiers carrés, est soutenue par deux divisions de dromadaires.

Nous avons devant nous l'avant-garde de l'armée turque, retranchée dans le village de Matarich, bâti sur les ruines d'Héliopolis, composée de six mille janissaires d'élite, d'un corps de cavalerie nombreux, avec seize pièces de canon, commandé par Nassif-Pacha, ayant sous ses ordres deux autres pachas ; les avant-postes se prolongent, sur la rive droite, jusqu'au Nil, et sur la gauche, jusqu'à la mosquée *Sybilli-Hallem*. Le grand-vizir occupe plus loin les villages d'El-Kanka et d'Abouzabel, tenant un emplacement considérable : son armée est de cent vingt mille hommes, dont soi-disant quatre-vingt-dix mille de cavalerie. En outre, plus de cent mille Turcs étaient dispersés dans divers forts de la haute et basse Égypte que nous avions évacués.

A 3 heures du matin, nous atteignons l'avant-garde de l'ennemi ; nous la mettons en fuite, et elle va se réunir à une forte colonne d'infanterie et de cavalerie qui se dirige du côté du Caire, où elle ne tarde pas entrer.

Le général Reynier attaque le village de Matarich avec deux colonnes de huit compagnies de grenadiers. Il s'avance au pas de charge, malgré les boulets et la mitraille. Lorsque nos soldats sont arrivés près des retranchements turcs, les janissaires en sortent et se précipitent à l'arme blanche sur la colonne de gauche ; mais, arrêtés par le feu de cette colonne, ils jonchent la terre de leurs corps. Comme ils veulent fuir, la colonne de droite les prend en flanc et, entourés de toutes parts, ils périssent sous les baïonnettes françaises. Nos grenadiers franchissent les fossés, qui sont remplis de morts et de blessés, et, en un moment, pièces de canon, drapeaux, *pachas,* effets de campement, tout tombe en leur pouvoir. Un grand nombre de Turcs s'étaient jetés dans les maisons pour se défendre ; ils y sont égorgés ou deviennent la proie des flammes. Ceux qui se sauvent dans la plaine tombent sous le feu d'un de nos carrés ou sont sabrés par la cavalerie.

Nous marchons alors sur le gros de l'armée du vizir, qui avait pris position entre les villages de Seriskan et d'El-Mark. Les Osmanlis, sans ordre, selon leur habitude, s'avancent en hurlant sur un de nos carrés, qui les laisse approcher jusqu'à une demi-portée de mitraille, puis les arrête court par une décharge. Ils se retirent en désordre, puis reviennent par pelotons ; mais, terrassés par le feu de nos carrés, qui tirent presque à bout portant, ils prennent de nouveau la fuite.

Le vizir, voyant ses troupes rebutées et la terre couverte de ses soldats, se retire au camp d'El-Kanka ; Nassif-Pacha, au lieu de le suivre, fait un détour sur la lisière du désert et va rejoindre au Caire les détachements des mamelucks qui s'y étaient dirigés, comme je l'ai dit plus haut.

Le vizir croyait avoir le temps à El-Kanka de prendre de nouvelles dispositions, mais le général Kléber se garde bien de le laisser tranquille. Nos troupes avancent au pas de charge sur le village. La cavalerie ennemie, effrayée par cette brusque apparition, fuit dans le plus grand désordre et se fait écraser par notre mitraille. Enfin le village est entièrement abandonné. Nous y entrons un peu avant le coucher du soleil, exténués de fatigue et mourants de faim. Nous y trouvons, comme à Matarieh, les pièces de canon la pointe en l'air et les bagages laissés par les Turcs dans leur retraite précipitée; nous prenons, sous leurs tentes dorées, un repos bien nécessaire, après avoir satisfait la faim et la soif qui nous dévorent.

Le 21, nous marchons sur Belbies, où nous parvenons à 6 heures du matin. Nous trouvons sur la route des canons, des litières, beaucoup de bagages et une voiture anglaise assez jolie. La ville, occupée par les Turcs, se défend toute la journée; mais ceux-ci, manquant de tout dans les forts où ils s'étaient retirés, demandent le lendemain à se rendre; ils sortent et mettent bas les armes. L'un d'eux, désespéré de les donner, s'avance en gesticulant sur le général Latour-Maubourg, aide de camp du général Kléber, et lui tire à bout portant un coup de fusil qui lui effleure l'épaule gauche. A l'instant, tous ceux de ses camarades qui n'avaient pas encore déposé leurs armes les jettent aux pieds des généraux en disant qu'ils méritent tous la mort : j'étais présent à cette scène. Mais le général leur pardonne, en se contentant de faire fusiller celui qui avait tiré.

Dans l'après-midi de cette même journée, le général Reynier marche sur Salahief. Le général Kléber le suit avec une partie de notre corps, ses gardes et le 7ᵉ hussards. Nous allons bivouaquer au village de Senekak; la division Reynier bivouaque à environ une lieue au-dessus de nous.

Le 23, nous partons à 5 heures du matin. Nous entendons une forte canonnade de la division Reynier, qui était sur les hauteurs en avant de Koraïn. Le général Kléber fait doubler le pas à l'infanterie qu'il a avec lui, et il se porte plus avant sur les monticules au-dessus de Koraïn, avec nous, dromadaires, ses guides et sa cavalerie. Nous apercevons la division Reynier, au milieu de sept à huit mille cavaliers turcs. Reconnaissant le général en chef avec une si faible escorte, ils se dirigent vers nous. Notre position devient alors fort critique. Nous nous voyons en peu de temps entourés de plusieurs milliers de mamelucks à cheval. Quelques-uns des nôtres sont massacrés. Le général Kléber est blessé d'un coup de lance à l'épaule gauche. Mais, à ce moment, le 14ᵉ dragons arrive fort heureusement à notre secours. Nous reprenons l'offensive; nous nous jetons sur l'ennemi, et en quelques minutes nous tuons plus de trois cents mamelucks, et nous en mettons autant hors de combat. Le général Kléber, échappé ainsi que nous à ce danger, rejoint la division Reynier, et nous nous dirigeons vers Salahief. Notre marche est très fatigante. Un vent brûlant asphyxie plusieurs soldats; une poussière fine en aveugle beaucoup d'autres.

Le 24, sous les ordres du général Lecler, nous (les dromadaires et la cavalerie) partons pour Salahief. Nous nous attendions à y trouver l'armée turque ralliée, et la nôtre nous suivait de près, bien disposée à ne point refuser le combat; mais quel est notre étonnement, en arrivant dans le bois de palmiers de Salahief, de rencontrer des paysans qui nous apprennent que le grand-vizir s'est enfui à travers le désert avec quatre à cinq cents mamelucks d'élite, et que l'armée turque, épouvantée d'être sans chef, avait abandonné le camp, y laissant son artillerie et ses bagages ! Nous nous y rendons avec promptitude; nous tombons sur les Arabes qui étaient occupés à piller : nous en tuons un grand nombre, et le reste se sauve. Avec dix dromadaires, je cours à la mosquée qui servait de magasins de vivres : deux soldats français du train y étaient enchaînés; nous leur rendons la liberté, puis nous parcourons le camp, qui avait plus d'une lieue d'étendue. Il était rempli d'une immense quantité de coffres brisés, de caisses de parfums et de riches vêtements. L'artillerie était éparse et les bouches de canons en l'air. Nous trouvons un nombre considérable de selles, des milliers d'outres, plus de quarante mille fers à cheval, douze litières sculptées et dorées, des ameublements somptueux, des chevaux, des chameaux, etc.

Notre armée arrive à 11 heures, et elle se repose sous les superbes tentes des Turcs, après quatre jours de fatigues et de privations. Nous, avec la cavalerie, nous poursuivons l'arrière-garde turque jusqu'au pont d'El-Kesnef. La terre était jonchée de cadavres : hommes, chevaux et chameaux gisaient étendus sur notre route. De temps en temps nous apercevions des Arabes qui harcelaient et dépouillaient les traînards. Une retraite aussi précipitée me fit croire que parmi les soldats de cette armée, qui n'avait rien emporté dans sa fuite, bien peu seront parvenus à gagner la Syrie. Les autres seront morts de fatigue et de besoin.

A 6 heures nous rentrons à Salahief, où l'infanterie nous

apprête notre repas; nous étions trop fatigués pour pouvoir le faire nous-mêmes.

Le 25, nous partons avec le général Kléber pour nous rendre au Caire.

Deux jours après, nous arrivons dans cette dernière ville, qui s'était révoltée pendant l'absence du général en chef, et nous nous disposons à la reprendre.

Des postes sont établis, des ouvrages entrepris et exécutés autour de la place, et le 12 avril le général nous envoie, nous, dromadaires, avec une compagnie de grenadiers de la 25ᵉ, pour nous emparer de la maison de la division du génie, à la droite de la place d'Esbekief. Nous y pénétrons, au nombre d'environ deux cents, par une brèche que le canon y a pratiquée. L'ennemi y laisse six à sept cents morts ou blessés. Nous perdons sept hommes, dont cinq dromadaires, et nous avons quatorze blessés.

Nous employons la nuit à faire des travaux pour notre sûreté et pour la conservation de notre poste; mais nous n'avons ni vivres ni munitions. L'ennemi, qui s'en aperçoit, croit que nous allons être forcés de nous rendre, et dès le lendemain le peuple et les soldats, réunis devant la maison, poussent des cris de joie et nous accablent d'injures. Enrageant de ne pouvoir nous venger de cette foule de lâches, nous restons trente-deux heures dans cette position sans manger ni boire.

Le 14, on parvient à nous faire passer des cartouches que nous envoyons aux brigands qui hurlaient devant nous; ils s'enfuient, et nous pouvons recevoir des vivres dont nous avions furieusement besoin.

Les jours suivants, la ville du Caire est attaquée sur tous les points et forcée de capituler.

Le 23, je suis chargé, comme ordonnance du général Kléber, de plusieurs messages auprès des chefs des Osmanlis; je cours les plus grands dangers en passant au milieu d'une populace que nous n'avions pas encore soumise; mais les postes des mamelucks protègent ma marche et j'arrive jusqu'à la maison de Nassif-Pacha, qui me donne lui-même une poignée de pièces d'or.

Le lendemain, les Osmanlis évacuent le Caire.

Le 25, nous (dromadaires) et la division Reynier escortons l'armée des Osmanlis jusqu'à Salahief. Durant ce trajet, j'étais, en qualité d'ordonnance, très près du général Reynier, pendant que ma compagnie se trouvait en tête de la colonne. Nassif-Pacha et Ibrahim-Bey marchaient aux côtés du général: ils lui témoignaient leur reconnaissance pour les égards dont ils avaient été l'objet après la capitulation et louaient la modération et la discipline des soldats français, qu'ils avaient vus si terribles dans les combats.

Le 26, nous sommes employés à la destruction des barricades et des fortifications du Caire.

Le jour suivant, toute l'armée française se rassemble dans la plaine de Lacoubeh, où le général en chef Kléber, accompagné des beys Osman-Bardissi et Oscar-Lascar, nous passe en revue et complimente les soldats sur le courage qu'ils ont déployé dans toutes les affaires. Il nous fait ensuite manœuvrer devant les deux beys, qui ne cessent de manifester l'étonnement que leur inspirent la régularité de nos mouvements et notre immobilité dans les rangs. Ils ne concevaient pas qu'avec une telle poignée de soldats on fût parvenu à soumettre tout un pays révolté et à vaincre d'innombrables armées. Le général en chef leur répondait qu'avec des soldats exercés et disciplinés, on pouvait détruire les masses les plus formidables que la discipline ne dirigeait pas.

Nous rentrons en ville par la porte des Victoires, au bruit des décharges d'artillerie et en présence de plus de deux cent mille hommes qui osaient à peine lever les yeux sur nous. Le plus grand silence régnait sur notre passage. Les mêmes troupes, au moyen de divers mouvements, passent plusieurs fois par les mêmes rues, afin de tromper le peuple sur notre nombre.

Le 30, une entrevue a lieu entre le général Kléber et Mourad-Bey, qui était devenu un des plus fidèles alliés de l'armée française, et qui, dans cette occasion, renouvelle son serment d'une fidélité à toute épreuve.

Le général Kléber s'occupait sans cesse d'améliorer les différents services de l'armée; il forme un parc de réserve de cinq cents dromadaires, et nous changeons presque tous les nôtres. Moi je garde le mien, que j'avais surnommé l'*Hirondelle*, ayant fait avec lui jusqu'à quarante-cinq lieues dans vingt-quatre heures.

Le 14 juin 1800, le général Kléber, qui avait son quartier général à Gizeh, dans le caravansérail d'Ibrahim-Bey, sort à 10 heures du matin avec son état-major, escorté par ses guides, et va passer la revue de la légion grecque dans l'île de Roudah. Il revient ensuite au Caire, et, après avoir examiné avec l'architecte Protin les réparations que l'on faisait à son palais, qui avait beaucoup souffert dans le dernier siège, ils vont déjeuner ensemble chez le général Damas, chef de l'état-major général de l'armée. Kléber, au milieu de ses amis, était gai et n'avait jamais paru plus aimable. Le déjeuner dure jusqu'à 2 heures de l'après-midi. Le général en chef retourne alors à son palais pour en examiner de plus près les travaux.

Il projetait quelques embellissements avec l'architecte Protin, en se promenant sur une longue terrasse couverte d'un berceau de vignes, qui liait son palais à celui du général Damas, quand un homme, vêtu à l'orientale, sort d'une galerie dans laquelle se trouve une citerne. Se présentant devant lui, selon l'usage des Turcs, le musulman s'incline comme pour baiser la main de Kléber, et aussitôt il lui porte un coup de poignard dans l'aine. Le général en chef, blessé mortellement, s'appuie sur le mur de la terrasse et, apercevant un cavalier de la compagnie des guides, il n'a que le temps de s'écrier : « A moi, guide, je suis blessé!... » et il tombe baigné dans son sang : le poignard lui avait percé le cœur.

L'architecte Protin n'avait qu'une baguette à la main; il se jette sur le musulman, qui restait immobile devant sa victime. Il s'engage entre eux une lutte dans laquelle le Français reçoit six coups de poignard qui le font tomber sans connaissance à côté du général.

L'assassin revient alors sur Kléber, le frappe de trois autres coups de poignard, et se sauve dans les jardins.

Le guide, accouru au cri de son chef, le trouve étendu sur la terrasse. En un instant tous les convives du général Damas sont réunis autour de leur malheureux ami. Ils le pressent dans leurs bras; ils l'interrogent : il ne peut leur répondre; cependant il respire encore. On le transporte chez le chef d'état-major général, où tous les secours lui sont inutilement prodigués. Après une heure trois quarts de souffrance, il rend le dernier soupir.

L'assassinat du général en chef se répand dans la ville. Notre premier sentiment est une consternation profonde; le désir de la vengeance lui succède. Nous prenons les armes, nous parcourons les rues en désespérés en disant : « Aux armes! aux armes! vengeons-nous! On vient d'assassiner notre général en chef! »

Les habitants épouvantés fuient de toutes parts : un grand nombre devient victime de la fureur des Français, qui, en se rendant à leurs quartiers, sabrent ou percent de leurs baïonnettes tout ce qui se trouve sur leur passage. Les maisons se ferment; les tambours battent la générale; on rassemble les corps; les officiers ont beaucoup de peine à retenir les soldats, qui, dans leur rage, veulent mettre le feu à la ville.

Les troupes réunies, de nombreuses patrouilles parcourent les rues qui sont désertes. Des piquets de cavalerie et surtout de mamelucks, à la tête desquels est Husscin-Kachef, agent de Mourad-Bey, notre ami fidèle, cernent les maisons et les jardins avoisinant le quartier général.

Le tumulte et le désordre règnent de toutes parts et donnent à la ville l'apparence d'une place prise d'assaut. Les habitants, dans la stupeur, attendent, en silence et avec effroi, la fin de ce mouvement de surexcitation. Les généraux et les officiers supérieurs, rassemblés chez le général Damas, recueillent tous les indices.

L'architecte Protin, revenu de son évanouissement par les soins du médecin Desgenettes et du chirurgien Casabianca, déclare que l'assassin lui a paru être un musulman assez mal vêtu. Les soupçons se portent sur les ouvriers qui travaillent au quartier général : ils sont tous arrêtés.

Les guides, les mamelucks et les dromadaires visitent les endroits les plus cachés du palais et du jardin. Deux guides amènent au général Damas un jeune homme qu'ils ont trouvé tapi sous un nopal touffu. L'architecte le reconnaît. Un aide de camp du général le reconnaît également pour l'avoir vu le matin à

Gizeh parmi les domestiques de Kléber ; un d'entre eux déclare
l'avoir aperçu dans le bateau du général en chef dans le trajet de
l'île de Roudah au Caire ; un autre, pour l'avoir chassé des appartements du général à Gizeh ; enfin, un des guides qui a amené le
prévenu retourne à l'endroit où il l'a découvert et y trouve un
poignard teint de sang. (Je l'ai vu et tenu, c'était une espèce de
coutelas à lame recourbée, longue de quinze à seize pouces.) En
voyant cette arme, on ne doute plus que celui à qui elle appar-
tient ne soit l'assassin de Kléber. On l'interroge. Il déclare
s'appeler Soleyman-el-Habbi, né en Syrie, âgé de vingt-quatre
ans, exerçant la profession d'écrivain ; mais il nie avec beaucoup
d'assurance avoir connaissance du crime ; il soutient n'avoir
jamais vu le général Kléber. Cependant, après avoir reçu la bastonnade sur la plante des pieds, il répond qu'il va tout avouer.

Soleyman, étant à Jérusalem, fut rencontré par un aga des
janissaires nommé Ahmet, disgracié depuis la prise du fort d'El-
ar-Ryck et envoyé en exil par le vizir. Cet aga l'accueillit avec
bienveillance et lui promit d'intercéder pour lui près du pacha
d'Alep, afin de faire sortir de prison son père détenu pour prévari-
cations, s'il voulait se rendre digne de la protection du vizir. Le
moyen de la mériter était d'aller assassiner le général en chef
de l'armée française, et Mahomet lui-même récompenserait son
dévouement. Soleyman, exalté par les discours de l'aga et pressé de
délivrer son père, se regarda comme l'instrument de la vengeance
du Prophète contre les ennemis de l'islamisme et se crut appelé
par Allah à délivrer les vrais croyants du fléau envoyé pour éprouver leur foi. Les ulémas qu'il consulta augmentèrent son exaltation.
Sa tête s'égara ; il prit une résolution inébranlable, revit l'aga
et lui annonça son départ. Celui-ci l'adressa au pacha Jessin,

commandant à Gaza, qui lui donna quarante piastres d'Espagne et des recommandations pour les chefs de loi de la grande mosquée du Caire.

Il arriva au Caire sur un chameau et se rendit auprès des chefs de la grande mosquée, qui l'accueillirent avec bienveillance. Il demeura avec eux et resta un mois à méditer son dessein. Enfin, il suivit partout le général en chef pour bien le reconnaître, il étudia ses habitudes; et, le 14 juin 1800, il annonça à un des ulémas qu'il allait accomplir sa mission à Gizeh, où était le quartier général. On en connaît le funeste résultat.

Le chef des mamelucks, Bartholomo-Serra, chargé par la commission militaire d'administrer à Soleyman la bastonnade pour lui faire avouer son crime, croyant qu'il lui cache quelque chose, lui promet sa grâce s'il dit tout. « Hâte-toi donc alors, dit Soleyman, de remplir ta promesse, afin que j'aille rejoindre mon père déjà inquiet sur mon sort. Je ne dois pas perdre un instant pour le retirer de la prison où le retient le pacha d'Alep. »

Cette confiance, cette piété filiale démontrent assez que ce musulman n'aurait point pensé à commettre son crime s'il n'y avait été poussé par la haine de l'aga dont j'ai déjà parlé; si le général en chef eût survécu, son âme grande et généreuse eût pardonné à son assassin.

Le général Menou, qui était resté à Rosette, est rappelé pour commander la capitale, et, comme le plus ancien lieutenant général, il prend le commandement de l'armée. Il ordonne l'arrestation des ulémas de la grande mosquée. L'un d'eux avait pris la fuite; trois sont conduits au quartier général. Confrontés avec Soleyman, ils disent qu'ils ne le connaissent point; mais le Syrien les traite de lâches, d'hommes sans foi, et ils avouent leur complicité en protestant qu'ils avaient cherché à détourner Soley-man de son coupable dessein.

Un conseil de guerre, nommé par le général Menou, s'assemble chez le général Damas. Les accusés sont condamnés à mort : les trois ulémas à avoir la tête tranchée, Soleyman à avoir le poing brûlé, à être empalé vivant et à rester exposé sur le pal jusqu'à ce que les oiseaux aient dévoré son corps. Il est décidé qu'à l'instar des expiations antiques, l'exécution n'aura lieu qu'après les obsèques du général en chef.

Le corps de Kléber est embaumé et renfermé dans un cercueil de plomb.

J'ai vu ouvrir le corps du général, ôter ses entrailles et l'embaumer.

Le général Menou adresse à l'armée une proclamation où l'on remarque les passages suivants :

« Soldats, un horrible attentat vient de nous enlever un général que vous aimiez et que vous respectiez. Un ennemi qui ne mérite que le mépris et l'indignation, un ennemi qui n'a pu vous vaincre, commandés par le brave Kléber, a eu la lâcheté de lui envoyer un assassin. Je vous dénonce, je dénonce au monde entier le grand-vizir, chef de cette armée nombreuse que vous avez détruite dans les plaines de Matarieh et d'Héliopolis. C'est lui qui, de concert avec son aga des janissaires, a mis le poignard à la main du nommé Soleyman-el-Habbi, qui, parti de Gaza depuis trente-deux jours, nous a enlevé, par le plus noir des assassinats, celui dont la mémoire doit être chère à tout bon Français. Kléber, en dirigeant vos invincibles cohortes, en marchant à votre tête, a dissipé une nuée de barbares qui, de l'Europe et de l'Asie, étaient venus fondre sur l'Égypte, et en dix jours il l'a reconquise. Kléber avait tellement restauré les finances de l'armée, que tout l'arriéré est payé et la solde mise au courant. Kléber, par les règlements les plus sages, avait réformé un grand nombre d'abus, presque inévitables dans les grandes administrations. La plus belle récompense que vous puissiez rendre à la mémoire du brave général Kléber est de conserver cette attitude fière et imposante qui fait trembler vos ennemis partout où vous portez vos pas ; c'est de vous astreindre vous-mêmes à cette discipline qui fait la force des armées. »

Le canon tirait de demi-heure en demi-heure depuis l'instant où le vainqueur d'Héliopolis avait cessé de vivre.

Le 17 juin, au lever du soleil, des salves d'artillerie de la citadelle et des forts annoncent aux habitants du Caire et des environs que l'armée française va rendre les honneurs funèbres à son général.

Au bruit d'une salve de cinq pièces de canon et d'une décharge générale de mousqueterie, le convoi part de la place Ezbekief et traverse lentement la ville du Caire.

Les Turcs, sur le passage du cortège, sont devant leurs boutiques fermées, les bras croisés sur la poitrine et la tête baissée vers la terre, gardant tous le plus profond silence.

Le convoi se dirige vers le camp retranché désigné sous le nom d'Ibrahim-Bey, où doivent être déposés les restes de l'illustre guerrier ; il marche dans l'ordre suivant : un détachement de cavalerie formant l'avant-garde, cinq pièces d'artillerie de campagne, le 22e d'infanterie légère, le 1er régiment de cavalerie, les guides à pied ; plusieurs musiques militaires, exécutant tour à tour des marches funèbres ; le corps de Kléber, enfermé dans un cercueil en plomb, porté sur un char funéraire de forme antique, recouvert d'un tapis de velours noir parsemé de larmes d'argent, entouré

5

de trophées d'armes, surmonté du casque et de l'épée du général
et traîné par six chevaux drapés en noir et panachés de blanc. Le
général Menou, précédé des guidons du corps des guides ornés de
crêpes, marche immédiatement après le char, qui est environné des
officiers généraux qui précèdent les aides de camp du général.
Viennent ensuite l'état-major de la place, le génie, l'Institut, les
commissaires de guerre, les officiers de santé, les administrations,
les guides à cheval ; Hassem-Kachef, commissaire de Mourad-Bey,
accompagné de ses mamelucks, les agas, le kady, les cheiks et les
ulémas ; les évêques, prêtres et moines grecs ; les coptes et catho-
liques, les différentes corporations de la ville, les 9ᵉ et 13ᵉ demi-
brigades, la marine, les sapeurs, les aérostiers, le corps des dromadaires, l'artillerie à pied, le bataillon grec, les milices coptes,
les corps de cavalerie, les mamelucks et Syriens à cheval. Un détachement de cavalerie française ferme la marche.

Le convoi arrive à 11 heures sur l'esplanade du fort de
l'Institut : les troupes s'y développent en exécutant plusieurs
manœuvres qui sont suivies d'une décharge de cinq pièces de
canon et de toute la mousqueterie.

Le char s'avance vers le camp retranché.

On avait ouvert une brèche sur la face du bastion nord de la
couronne d'Ibrahim-Bey, pour pénétrer plus directement dans
la gorge du bastion, au centre de laquelle on a élevé un tertre,
dont le sommet, planté de cyprès, est entouré de draperies
funéraires.

C'est au milieu de cette enceinte que l'on dépose le corps de
Kléber sur un socle entouré de candélabres de forme antique.

L'état-major général met pied à terre pour saluer les restes
du héros. Des militaires de toutes armes et de tous grades

s'avancent en foule et jettent sur le tombeau des couronnes de cyprès et de lauriers.

Alors le commissaire français Fourier va se placer, environné de l'état-major général et des grands officiers civils et militaires du Caire, sur un bastion qui domine l'armée rangée en bataille, et, d'une voix émue, il prononce un discours dont voici quelques passages :

« Français, au milieu de ces apprêts funéraires, témoignages fugitifs, mais sincères de la douleur publique, je viens rappeler un nom qui vous est cher et que l'histoire a déjà inscrit dans ses fastes. Trois jours ne se sont point encore écoulés depuis que vous avez perdu Kléber, notre général en chef. Cet homme, que la mort a tant de fois respecté dans les combats, dont les faits militaires ont retenti sur les rives du Rhin, du Jourdain et du Nil, vient de périr sans défense sous les coups d'un assassin.

« Lorsque vous jetterez désormais les yeux sur cette place dont les flammes ont presque entièrement dévoré l'enceinte, et qu'au milieu de ces décombres qui attesteront longtemps les ravages d'une guerre terrible, vous apercevrez cette maison isolée où cent Français ont soutenu, pendant deux jours entiers, tous les efforts d'une capitale révoltée, ceux des mamelucks et des Ottomans, vos regards s'arrêteront malgré vous sur le lieu fatal où le poignard a tranché les jours du vainqueur de Maëstricht et d'Héliopolis. Vous direz : C'est là qu'a succombé notre chef et notre ami. Sa voix tout à coup anéantie n'a pu nous appeler à son secours. Oh ! combien de bras, en effet, se seraient levés pour sa défense ! Combien de vous eussent aspiré à l'honneur de se jeter entre lui et son assassin ! Je vous prends à témoin, intrépide cavalerie qui accourûtes pour le sauver sur les hauteurs de Koraïn et dissipâtes en un instant la multitude d'ennemis qui l'avaient enveloppé! Cette vie, qu'il devait à votre courage, il vient de la perdre par une confiance excessive, qui le portait à éloigner ses gardes et à déposer ses armes. »

Parlant ensuite aux Français de l'espoir de revoir leur patrie :

« Que de glorieux souvenirs, dit l'orateur, vous aurez à reporter dans le sein de vos familles! Vous mêlerez souvent à vos récits le nom chéri de Kléber; vous ne le prononcerez jamais sans être attendris, et vous direz : Il était l'ami et le compagnon des soldats; il ménageait leur sang, il diminuait leurs souffrances.

« Soyez honoré dans ces obsèques, vous qu'une amitié particulière unissait à Kléber, ô Caffarelli, modèle de désintéressement et de vertus, si compatissant pour les autres, si stoïque pour vous-même !

« Et vous, Kléber, objet illustre et, dirai-je, infortuné de cette cérémonie, reposez en paix, ombre magnanime et chérie, au milieu des monuments de la gloire et des arts! Habitez une terre depuis si longtemps célèbre; que votre nom s'unisse à ceux de Germanicus, de Titus, de Pompée et de tant de grands capitaines et de sages qui ont laissé, ainsi que vous, dans cette contrée d'immortels souvenirs. »

Un recueillement religieux succède à l'émotion vive et profonde qu'a produite l'orateur. Les troupes défilent ensuite par pelotons, s'arrêtent devant le sarcophage, font une troisième décharge de mousqueterie, pendant que l'artillerie de campagne, celle de la citadelle, des forts et du camp retranché tirent également; elles sortent par la porte de la demi-lune, reprennent le chemin du Caire et se rendent sur l'esplanade de l'Institut, lieu désigné pour le supplice de Soleyman et des ulémas.

Une énorme affluence d'habitants se groupe autour de l'armée, ou se range au-dessous du monticule sur lequel est placé le fort de l'Institut ; là, elle attend l'arrivée des quatre criminels.

Ces malheureux sont tirés du fort où on les a renfermés le matin ; on leur lit leur sentence de mort sur le seuil de la porte du cachot.

Cette lecture, faite en langue arabe, jette les trois ulémas dans le plus violent désespoir, tandis que Soleyman, au contraire, conserve une attitude calme, imposante et pleine d'assurance. Les vrais croyants, pensait-il, ne devaient pas le laisser mourir.

Les ulémas s'avancent en fondant en larmes et en maudissant le jour où ils ont connu cet infernal Syrien et ceux qui l'ont recommandé à leurs soins.

Soleyman, soutenu par son exaltation, accable les trois ulémas de reproches, en leur disant que son plus grand regret en perdant la vie (car il voyait que les vrais croyants ne s'empressaient pas de le sauver) est d'avoir eu pour complices des hommes aussi lâches, aussi faibles dans la foi et aussi peu dignes de l'honneur que le Prophète leur fait en les associant à lui dans un acte aussi glorieux pour l'islamisme.

Les ulémas lui répondent par de nouvelles malédictions.

L'exécution commence par eux. Ils ont la tête tranchée sous les yeux de Soleyman, afin de rendre son supplice plus douloureux ; mais le Syrien, sans broncher, conserve sa fermeté ; il reste, à ce spectacle horrible, aussi indifférent que si sa mort ne dût pas suivre celle de ses complices.

Je me trouve à cinq ou six pas de l'endroit où a lieu l'exécution.

Le tour de Soleyman est arrivé. Un brasier ardent est allumé sous ses yeux. On lui ordonne d'y placer sa main droite : il obéit, et on la lui maintient dans le feu. Il supporte la douleur sans proférer une plainte, les yeux levés vers le ciel, mais sans que ses traits soient en rien altérés.

Cependant un accident imprévu lui arrache un cri. Un charbon, détaché du brasier, avait roulé jusqu'à son coude. Le Syrien demande qu'on lui évite ce surcroît de douleur. Auprès de lui est Bartholomo-Serra, chef des mamelucks, dont il a déjà été question, et qui, suivant les mœurs barbares de l'Orient, a obtenu de présider au supplice.

« Quoi! dit-il à Soleyman non sans ironie, un homme tel que toi, aussi courageux, craint une légère douleur? Qu'est-elle donc auprès de celle que tu ressens depuis plusieurs minutes?

— Chien d'infidèle, répond Soleyman en regardant son bourreau avec fierté et mépris, sache que tu n'es pas digne de m'adresser la parole! Fais ton devoir en silence. La douleur dont je me plains n'était point ordonnée par mes juges. »

On retire ce charbon de dessous son coude, et, lorsque la chair de son poignet est entièrement consumée, Bartholomé-Serra fait les apprêts pour l'empalement.

Le pal, étendu à terre, est d'une longueur de huit à neuf pieds; le haut en forme de pain de sucre, d'une longueur de douze à quinze pouces, doit être enfoncé par l'anus jusqu'auprès du cou.

Pendant ces apprêts, Soleyman conserve le plus grand sangfroid, et cependant son poignet est, pour ainsi dire, calciné jusqu'au milieu du bras.

L'exécuteur le couche à terre sur le ventre, et avec un couteau il lui fait une large incision dans le fondement; approchant ensuite l'extrémité supérieure du pal de cette ouverture, il l'enfonce dans le corps à grands coups de maillet. Lorsqu'il sent le bois arrivé au sternum, il lie les jambes du patient, l'élève en l'air, et fixe le pied du pal dans un trou creusé à cet effet dans le sol. Durant cet affreux supplice, le malheureux Syrien ne pousse pas un gémissement, pas une plainte. On devine seulement, à la contraction de sa figure, qu'il s'efforce de dissimuler la douleur qu'il endure. Lorsqu'il est dressé, il promène ses regards sur l'assistance et prononce à haute voix, en arabe, la profession de foi des musulmans : *Il n'y a point d'autre Dieu que Dieu, et Mahomet est son prophète.* Il récite quelques versets du Coran et demande à boire. Un soldat qui est en faction auprès du pal va le satisfaire, quand Bartholomo-Serra l'arrête, en lui disant :

« Gardez-vous-en bien, vous le feriez mourir à l'instant. »

Soleyman reste vivant sur le pal pendant quatre heures. Peut-être y serait-il resté plus longtemps si, après notre départ et celui de Bartholomo-Serra, un autre factionnaire n'eût pris sur lui, d'après les demandes réitérées du supplicié, de lui présenter un vase au bout de son fusil. Soleyman expira aussitôt après avoir bu.

A sa mort, quinze plaies se forment sur son corps. Sa tête est penchée légèrement sur son épaule gauche.

On le laisse sur le pal, à côté duquel jour et nuit veille une sentinelle.

Le squelette de Soleyman était destiné par le chirurgien en chef Larrey à être envoyé en France. Il a été déposé par lui au muséum d'histoire naturelle du Jardin des Plantes.

Le 28 juin 1800, un officier anglais se présente au quartier général, apportant, de la part de son gouvernement, la signature d'une convention pour l'évacuation de l'Égypte ; mais le général Menou refuse de le recevoir. Je suis chargé, avec vingt-cinq dromadaires sous mes ordres, d'escorter cet officier jusqu'à Katieh. En route, il me dit que bientôt nous aurons à combattre à la fois les Anglais, les Turcs, les Russes et les Albanais ; que les mahométans ont soixante-dix mille hommes à Rhodes, trente mille à Gaza, et qu'enfin plus de deux cent mille hommes vont se réunir en Égypte. Je lui réponds que nous attendons toutes ces bandes de pied ferme et que nous leur rappellerons la victoire d'Héliopolis.

Je rentre à mon quartier le 4 juillet. J'y apprends que le général Menou, que nous n'aimions guère à cause de son mariage avec la fille d'un Turc et son changement de religion, venait de faire une nouvelle abjuration. La confiance renaît dans nos rangs. Notre sort s'améliore : la solde est au courant, le pain est bon, les soldats reçoivent des gratifications. Des embellissements sont faits à la ville du Caire.

Le 7 juillet, avec deux cents dromadaires et le 14ᵉ dragons, sous le commandement du général Robin, je pars pour aller à la découverte dans l'isthme de Suez, que nous parcourons sur différents points sans rien rencontrer. Nous rentrons au Caire le 15 juillet.

Le 15 septembre, je pars seul avec un Arabe pour porter des ordres à Mourad-Bey, à Tineh, dans la haute Égypte. C'est la première fois que je fais une ordonnance aussi longue avec un seul guide. Je suis bien accueilli de tous les cheiks dont je traverse les tribus.

Rentré le 21, je repars le 15 octobre avec un détachement de vingt-cinq dromadaires, pour escorter un capitaine-adjoint de notre quartier général jusqu'à Gaza, où il porte des ordres au grand-vizir. Nous y voyons l'armée turque campée dans le bois d'oliviers : elle nous paraît peu en état d'entrer en campagne. Nous sommes de retour le 24.

Le 15 novembre, je pars avec cent cinquante dromadaires,

Bataille d'Héliopolis.

sous le commandement de notre chef d'escadron Brun, pour escorter les savants dans la haute Égypte. Nous la remontons en passant par Siout, Tineh, Thèbes ; nous longeons les frontières de l'Abyssinie ; nous parvenons jusqu'au royaume de Darfour, par le grand désert de Sahara.

Je renvoie, pour les détails de ce voyage, à l'ouvrage publié par l'Institut d'Égypte.

Nous revenons au Caire par le Fayoum en remontant le Nil, après un mois de recherches scientifiques importantes. Ce voyage avait beaucoup flatté mon amour-propre, car j'avais un vif désir de voir des pays merveilleux, et certes, en cette occasion, ma curiosité fut satisfaite.

Le jour de Noël (25 décembre), je pars avec vingt-cinq dromadaires, dix mamelucks et quinze Arabes, pour escorter une caravane vers le mont Sinaï, en passant par Suez.

La route du Caire à Suez n'est qu'un désert aride. On n'y rancontre qu'un seul sycomore garni d'offrandes placées là par les pèlerins : il s'élève à l'endroit où Jésus-Christ fit la distribution des cinq pains et des deux poissons.

Ce désert est l'isthme de Suez, où existait anciennement le canal qui venait de la Méditerranée. L'espace entre les deux mers est d'environ vingt lieues. Je l'ai parcouru plusieurs fois en un jour, en passant par la vallée où se trouve le temple du Soleil.

Nous arrivons à Suez le 28, et le surlendemain la caravane se remet en marche. Nous sommes en avant comme éclaireurs, avec un chef arabe pour guide.

Voici ce que je remarque durant le trajet :

Tous les chameliers conduisent leurs animaux en chantant. La caravane, composée de dix-huit cents chameaux, s'étendant sur une lieue de long, campe par sections divisées elles-mêmes en escouades de sept ou huit individus. Chaque escouade, quand on fait halte, se range en cercle et prépare le repas. Les chameaux, couchés sur le ventre, forment un carré ou un cercle et restent chargés pendant tout le voyage.

La principale occupation durant les haltes consiste dans la fabrication du pain. On délaye la farine dans une petite auge destinée à cet usage; on en forme une pâte sans levain, dont on fait des espèces de galettes. Pour les cuire, on les étend au fond d'un trou échauffé par la fiente des chameaux, on couvre ensuite le tout avec de la cendre de paille, et on mange ce pain avec quelques poignées de fèves bouillies. C'est là la seule nourriture des Arabes; cependant ils prennent du café sans sucre deux fois par jour.

Les Arabes qui escortent la caravane et les chameliers ne me paraissent pas très attachés aux pratiques de la loi musulmane; plusieurs ne connaissent du Coran que le nom de Mahomet. Ils sont presque tous vêtus et armés de la même manière. La pièce principale de leur habillement est une longue robe fort large, fendue par devant et percée vers les épaules de deux grandes ouvertures par lesquelles ils passent les bras. Ce vêtement est en grosse laine à larges raies blanches et noires. Les enfants n'ont que cette robe seulement. Les hommes portent dessous une espèce de chemise en laine blanche serrée autour du corps par une ceinture de cuir. Leur chaussure est un morceau de peau de buffle ou de chameau attaché sous la plante des pieds avec de petites courroies, ce qui les garantit des cailloux tranchants dont la route de Suez au mont Sinaï est parsemée; mais le plus grand nombre marche néanmoins nu-pieds.

Ils sont armés d'un long poignard à deux tranchants, très recourbé, plus ou moins richement monté.

Quelques-uns ont un fusil à mèche. Ceux-là sont fiers de voir les Français se joindre à eux pour la défense de la caravane; ils ont à notre égard toutes sortes de prévenances et ne manquent jamais de nous présenter aux cheiks des tribus que nous rencontrons sur notre route; ceux-ci nous accueillent fort bien.

Comme j'entends passablement l'arabe, je m'instruis dans ce voyage de tous les usages particuliers aux peuples de l'Orient.

Tous les enfants sont circoncis de trois à sept ans. Les filles se marient fort jeunes. La veille des noces, on les promène voilées sous un espèce de dais, vêtues selon leur rang ou leur fortune. Les gens invités, qui marchent en avant, annoncent la cérémonie en jetant de l'eau de rose sur la jeune fiancée et sur les passants. Le soir, la cérémonie nuptiale a lieu. Après le repas d'usage, où les femmes ne sont point admises, la plus ancienne de la famille de la mariée la conduit dans la chambre qui lui est destinée : elle reçoit ensuite son mouchoir et, en sortant, elle le suspend à la porte d'entrée; il y reste huit jours, pendant lesquels le mari ne peut pénétrer dans cet asile.

En général, les Égyptiennes sont très grasses et grandes; leur peau est un peu cuivrée; leurs dents sont fort belles. Leur costume est plus ou moins distingué. Celui des femmes riches est très élégant. Elles portent presque toutes des bracelets en or. Leurs cheveux s'échappent de dessous leurs turbans en cinquante ou soixante tresses au bout desquelles pendent des pièces d'or ou des pierres précieuses. Elles sont toujours couvertes d'un voile qui leur tombe jusqu'aux pieds. Chez elles, elles le jettent sur l'épaule. Quand elles sortent, elles se couvrent d'une robe noire très large, espèce de domino qui les enveloppe entièrement. Elles ont des bottes en cuir jaune. Elles vont rarement à pied; elles montent sur des ânes couverts d'une selle en cuir rouge haute de vingt-huit à trente pouces, de sorte que la femme est ainsi plus haute qu'un cavalier.

Les Égyptiennes moins riches ont des boucles d'oreilles en cuivre, en verre, en faïence ou en bois.

Le 13 janvier 1801, nous arrivons au mont Sinaï, où nous laissons la caravane, et nous reprenons la route du Caire, où nous rentrons le 21 janvier.

Quatre jours après, avec une vingtaine de mes camarades, je fais un second voyage aux Pyramides.

Le mont Sinaï.

A cette époque, l'armée française est en proie à plusieurs maladies, entre autres les maux d'yeux et une espèce de rougeole, ainsi qu'à quelques autres maladies occasionnées par l'eau-de-vie de dattes, de figues et de nopals. Cependant les Turcs en boivent de semblable journellement, par pintes, sans s'enivrer.

Pendant le mois de février, on parle beaucoup d'une nouvelle armée turque destinée à exterminer l'armée française. Le fidèle Mourad-Bey confirme cette nouvelle au général Menou. Envoyé en ordonnance au camp de cet intrépide chef arabe, il me parle des dangers qui nous attendent et auxquels il ne pourra nous soustraire; il me propose d'entrer dans ses mamelucks, ce que je refuse, comme on le pense bien.

Le 8 mars, les Anglais effectuent un débarquement du côté du fort d'Aboukir; nous les repoussons vigoureusement.

De jour en jour l'armée murmure davantage contre le général Menou, dont les plans de campagne doivent amener notre perte.

Plusieurs combats ont lieu en mars contre les Anglais. Une bataille se livre entre les deux armées près du lac de Madieh. Après des prodiges de valeur, les Français sont forcés de battre en retraite. Ils étaient huit mille, et les Anglais vingt-six mille. Nous nous retirons en bon ordre à Alexandrie. De nouveaux combats ont lieu jusqu'au mois de mai.

Le 19 mai, Mourad-Bey, notre constant allié, meurt de la peste à Benicouef, dans la haute Égypte. Ses mamelucks lui rendent les honneurs dus à sa grande bravoure. Ses vaillants compagnons de gloire et de malheur lui décernent le plus bel hommage dont on puisse honorer les mânes d'un guerrier : ils brisent ses armes sur sa tombe en déclarant qu'aucun d'eux n'est digne de les porter.

Je connaissais beaucoup Mourad-Bey, le plus bel homme de son armée : un coup de sabre lui traversait la figure et ajoutait à son air martial. J'ai souvent été envoyé auprès de lui en ordonnance. Plusieurs fois il m'avait donné sa pipe à fumer, honneur rare envers les étrangers, et surtout envers un chrétien, chez les Orientaux. J'avais reçu de lui une paire de pistolets anglais.

A cette époque, nous nous trouvons dans la situation la plus critique : pas de vivres pour quinze jours, pas de munitions pour cent coups par pièce, les caisses vides. Il ne nous restait plus qu'à nous brûler la cervelle si nous avions été assez lâches pour le faire, et si ce n'était pas dans les revers qu'il faut montrer le plus de fermeté d'âme.

Le 19 juin 1801, deux parlementaires, un Anglais et un Turc, viennent au quartier général sommer le général commandant de rendre le Caire. Un conseil de guerre s'assemble, et il est décidé qu'on demandera une suspension d'armes pour traiter des conditions auxquelles l'armée française consentira à évacuer le Caire. Un parlementaire est envoyé à cet effet près du général Hutchinson, au village de Hem-Babeh, rive gauche du Nil. Je suis chargé de l'escorter avec vingt-cinq dromadaires. Nous partons le 24, avec un trompette porteur du drapeau blanc, annonçant un parlementaire. Arrivé non loin des ruines de Lacoubeh, nous sommes assaillis par une nuée de cavaliers cachés derrière les tombeaux qui nous entourent. Ils se précipitent sur nous en hurlant comme des bêtes féroces. Vainement notre guide crie : *Parlementaire!...* en moins de huit minutes nous sommes culbutés, foulés aux pieds des chevaux de ces barbares, et plus de la moitié des hommes de l'escorte sont tués ou blessés. La fusillade attire un détachement anglais de ce côté : il reconnaît le drapeau blanc du parlementaire et fait cesser le carnage. Les Turcs s'éloignent, mais ils emmènent trois Français, et je suis de ces derniers. Ils emportent aussi les têtes de ceux de nos camarades qu'ils ont tués; nous les suivons jusqu'à la ville d'El-Kanka.

Couvert de contusions, je me suis fracassé l'épaule en tombant à bas de mon dromadaire; j'ai en outre été frappé de quelques légers coups de lance, et j'ai reçu deux coups de sabre sur la tête ; mais aucune de ces blessures n'est dangereuse. Un de mes camarades a le bras percé d'un coup de poignard, et l'autre a le flanc traversé par une balle... Je suis si étourdi de ce terrible événement, que je ne ressens aucune douleur. Je ne sais si je suis mort ou vivant : je n'ai même pas la force de penser...

Arrivés à El-Kanka, nous sommes environnés d'une centaine de barbares, dont plusieurs prennent les têtes de leurs victimes, de nos frères d'armes, et nous les montrent en nous injuriant. Un de mes camarades ne peut retenir ses larmes ; l'autre, plus grièvement blessé, est étendu sur le sable, où on le laisse expirer. On nous mène devant la tente d'un chef de l'armée du grand-vizir, qui nous pose plusieurs questions à l'aide d'un interprète. Revenu de mon étourdissement, je lui fais part de la mission dont nous étions chargés. Il paraît ne point ajouter foi à mes paroles. Il recommande pourtant de nous donner des soins et des vivres, et il nous fait conduire à une garde peu éloignée de sa tente. Le soir, on nous distribue deux biscuits, du riz et de l'eau. Nous passons la nuit au milieu des Turcs. Je cherche en vain le sommeil ; absorbé dans mes réflexions, je ne peux envisager sans effroi le sort qui m'attend.

Dès le matin, les Turcs qui nous gardaient, et dont plusieurs s'expriment en arabe, nous annoncent que nous allons partir pour Gaza. Je demande à entretenir un de leurs officiers généraux. Ils me répondent que leurs chefs ne parlent pas à des *chiens* tels que nous. Lorsque je les prie de me conduire devant le grand-vizir, en leur disant que je le connaissais et auprès duquel j'avais été envoyé en parlementaire à Gaza, ces brigands se moquent d'un soldat français qui ose se flatter de connaître le grand-vizir, et je ne puis rien obtenir.

Nous partons vers 9 heures du matin. Arrivés au village de Courieuh, un cavalier turc, qui avait suspendu à sa selle deux têtes de Français tués à la scène barbare qui était toujours présente à mon esprit, m'ordonna de les porter. Elles étaient percées à la joue, d'où passait une corde par la bouche. Il me pose le milieu de la corde sur le cou, et les deux têtes pendent sur mes épaules... C'est ainsi que je continue ma route... Mon camarade, à qui on veut donner un semblable fardeau, en ressent une telle horreur qu'il tombe anéanti sur le sable. L'officier qui commandait l'escorte lui fait alors ôter les deux têtes, et il se relève. Je réclame pour moi contre une fanfaronnade aussi atroce : des menaces sont la seule réponse faite à mes justes représentations, et il me faut porter cet épouvantable attirail jusqu'à Salahief, où nous arrivons le 27 juin. J'y dépose mes deux têtes à l'entrée d'une mosquée où on nous renferme. Nous y restons trois jours. Dans cette position, je réfléchis à ma mauvaise fortune, et je me dis : « Tu as toujours aimé les aventures merveilleuses, tu dois être content... » Pourtant je ne l'étais guère.

Pendant ce temps de repos, qui nous fit grand bien, j'entendais dire aux Turcs qui nous gardaient que les Français allaient retourner dans leur patrie, une suspension d'armes ayant été décidément conclue pour l'évacuation de l'Égypte. Comment exprimer ce que j'éprouvais en apprenant cette nouvelle?...

Le 1ᵉʳ juillet, à 6 heures du matin, nous partons; Bertrand (c'était le nom de mon compagnon de captivité) et moi, nous sommes placés à la tête du détachement, composé de Turcs et d'Arabes, escortant un chef de l'armée ottomane blessé, porté

6

par des esclaves sur une espèce de palanquin couvert d'un drap
de soie cramoisie. Je réclame ma liberté en lui expliquant comment j'ai été pris, contre toutes les lois de la guerre. Cet
enragé Turc m'écoute à peine et m'impose silence en me trai-
tant de *chien*.

Nous suivons une route que j'ai parcourue plusieurs fois pendant nos jours de victoire, et cette vue me rappelle des souvenirs
qui me font comparer tristement ma situation passée avec la présente. Nous allons bivouaquer à cinq lieues de Salahief, où nous
recevons, comme le reste de la caravane, de l'eau et des vivres
consistant en riz et en fèves cuits à l'eau.

Le 2 juillet 1801, nous partons dans le même ordre que la
veille. Les chameliers conduisent leurs chameaux en chantant. Je
marche toujours en tête, ainsi que Bertrand; mais il est éloigné de
moi. Je le regarde souvent : il est constamment triste. Pour moi,
j'ai l'air plus rassuré que lui; mais je souffre peut-être davantage...

Nous faisons environ huit lieues dans cette journée. Nous allons
bivouaquer auprès d'une citerne où, dans des jours plus heureux,
je me suis rafraîchi et reposé.

Assez mal gardé, j'avais l'intention de m'évader pendant la
nuit; mais je ne pouvais faire part de mon projet à l'infortuné
Bertrand, et puis j'étais sans argent. Les barbares m'avaient aussi
enlevé mes armes, que je regrettais beaucoup, surtout mon damas
et la paire de pistolets que m'avait donnés notre ami Mourad-Bey.
Je connaissais assez le pays, que j'avais souvent parcouru en parlementaire, pour espérer rejoindre notre armée, soit au Caire, soit
à Alexandrie; mais je n'osais exécuter ce projet, dans la crainte
que mon camarade n'en fût la victime. Je conservais aussi l'espoir

qu'une fois en Syrie, quand on saurait comment nous avions été faits prisonniers, on nous renverrait en France.

Le 3, nous allons bivouaquer à quatre lieues de Katieh. Les autres jours, nous continuons notre route sans incidents notables.

Naplouse.

Je traverse tout le désert la tête nue, couvert seulement d'une chemise, d'un caleçon de coton, avec mes bottes.

Le 11 juillet, nous arrivons à Gaza. On m'enferme dans une tour avec des criminels du pays. Je réclame : on ne m'écoute pas, et, pour augmenter mon infortune, je suis séparé de mon pauvre compagnon Bertrand. Je ne l'ai jamais revu : il sera mort, sans doute, de lassitude. Je reste vingt-trois jours dans cette prison. Tout ce que j'obtiens de mes continuelles réclamations se borne à une guenille turque pour me couvrir et une calotte rouge pour me coiffer.

Au milieu des bandits avec lesquels je me trouve, et dont plusieurs ont le nez et les oreilles coupés, je maudis mon triste sort, en pensant à mes frères d'armes, qui rentrent peut-être dans notre patrie, tandis que je désespère de jamais revoir la France.

Le 3 août, je pars avec mes aimables compagnons de prison. Nous nous dirigeons sur Damas, en passant par Nazareth, Naplouse, etc., en traversant le Jourdain, ainsi que la plaine de Damas. Nous arrivons le 13 à Damas, avec la chaîne des condamnés qu'on conduit au bagne de cette grande ville... Durant la route, je m'étais rappelé plus d'une de nos victoires. C'est en esclave, et confondu avec des brigands, que je venais de parcourir un pays si souvent témoin de la valeur française, de fouler les champs de Naplouse et du mont Thabor... O ma patrie!

Le pacha de Damas était celui que nous avions si bien battu à Naplouse. On me présente à lui quatre jours après mon arrivée. Il me fait demander par son interprète arabe si je suis Français. Je réponds affirmativement, et je raconte tout ce qui m'est survenu. Le pacha remue la tête en signe de doute et me dit que l'armée des infidèles s'est embarquée pour retourner dans le pays qu'elle n'eût jamais dû quitter. Je réclame ma liberté. Il secoue de nouveau la tête et me renvoie sans me donner le moindre espoir de retour en France. Je suis reconduit dans une sorte de château fort où sont des magasins de fer, d'acier, de charbon; une centaine de prisonniers, dont plusieurs janissaires, y sont journellement employés. Je me fais passer pour Égyptien, et je leur dis que je sors des mamelucks; ils me traitent alors comme un camarade. Je reste avec eux pendant vingt-huit jours, sans être astreint à aucun travail avilissant.

Enfin on m'ordonne de partir pour Alep, en me disant que je serai ensuite conduit à Alexandrette, d'où je m'embarquerai pour la France... Pour la France! Quoi! je reverrai la France! Je ne puis définir ce que mon cœur ressent à cette espérance. Je ne maudis plus les événements extraordinaires et presque incroyables auxquels j'ai assisté. Je suis, au contraire, heureux d'être prisonnier chez les Turcs, afin de pouvoir raconter un jour ce qui m'est arrivé pendant mon esclavage; puis je songe au bonheur de me retrouver au milieu de mes frères d'armes.

Le 1er septembre, je quitte la ville de Damas avec une cinquantaine de janissaires escortant une caravane de chameaux chargés de différentes marchandises de l'Inde. Pendant quatorze jours de route, je bois et je mange avec l'escorte, et je n'ai à subir aucun mauvais traitement. Le pays que je parcours est montagneux, très chaud, presque inhabité, mais couvert de bois.

Le 15 septembre, j'arrive à Alep et je suis remis au corps de garde du gouverneur de cette ville. Le lendemain, on me place dans une prison de la haute ville, où je reste huit jours. On me conduit enfin chez le pacha Achmet-Ali-Moustapha, gouverneur d'Alep, chez lequel est un autre pacha qui me paraît plus en dignité que le gouverneur, d'après le respect que lui témoigne ce dernier. Je leur raconte tout ce qui m'est arrivé, et je termine en disant que le pacha de Damas m'a promis de me faire rentrer en France. Ils me renouvellent la même promesse; mais ils ajoutent qu'ils ne peuvent me donner la liberté qu'après avoir pris des renseignements plus précis sur mon compte; car ils sont étonnés de m'entendre parler arabe avec facilité, et ils ne peuvent me croire Français en me voyant nullement gêné dans mes vêtements turcs, que j'avais l'habitude de porter depuis mon entrée dans les dromadaires.

Après une heure d'audience, le pacha le plus en dignité, et qui portait un turban vert, me demande si, en attendant les informations qu'il se propose de prendre, je veux entrer à son service, que je ferai partie de sa maison militaire. Je lui réponds : « Volontiers, si c'est un moyen de me faire revoir ma patrie. » Mon nouveau maître m'en donne l'assurance; mais il me prévient que ce ne sera pas avant un an, sa résidence étant à Antioche et quelquefois à Constantinople.

Me voilà donc au service d'un émir favori du grand sultan, nommé Esseid-Katif-el-Becker, gouverneur, vice-roi du pachalif d'Antioche.

Je suis habillé, dès le lendemain, en ordonnance militaire de sa maison. Je prends mes repas avec les officiers *spahis* (cavaliers), dont plusieurs parlent arabe. Ils me félicitent de la chance que j'ai d'être au service d'un prince aussi puissant.

J'obtiens la confiance de mes nouveaux frères d'armes, qui me regardent comme un favori de l'émir. Mon service consiste à suivre l'émir à pied ou à cheval, avec ses officiers. Sa maison se compose de deux officiers supérieurs, six autres officiers, deux secrétaires, trois interprètes, trente spahis, trente-six esclaves et six esclaves blanches pour servir sa femme.

A peu près libre, très proprement vêtu, je sors peu et je me lie plus intimement avec un des officiers qui parlent arabe. C'est à lui que je dois le peu de langage turc que je sais. C'est par lui que j'apprends qu'Esseid-Katif-el-Becker a été ambassadeur à Versailles sous le règne de Louis XVI, et qu'il aime beaucoup les Français. Il s'est trouvé à Paris en 1787.

Vers la fin d'octobre, l'émir part en laissant sa femme et une partie de sa maison à Alep, avec ordre de le rejoindre à Jaffa. Sa suite se compose de quarante personnes; il est escorté par soixante janissaires, dont dix à cheval; ses gens sont montés sur des mules et des chevaux. J'ai, ainsi que ses officiers, un cheval richement harnaché à la mameluck. Nos armes sont un sabre recourbé, un poignard et une paire de pistolets. Nous voyageons ainsi pendant plusieurs mois, restant peu de temps dans chaque ville, village ou camp.

Je n'ai pu me rappeler les noms des endroits que nous avons traversés, sauf Bagdad.

Nous passons par Bagdad au mois de juillet 1802 et nous quittons cette ville au commencement de février, longeant les frontières de la Perse; nous parcourons des pays plus ou moins déserts, escortés comme en partant d'Alep, quelquefois accompagnés par des détachements de tribus arabes.

En avril, nous revenons à Bagdad. Pendant trois mois, nous visitons un grand nombre de pays sur lesquels il m'est impossible de prendre aucune note, quelque envie que j'en aie, et cela dans la crainte qu'on s'aperçoive que je sais écrire ou qu'on s'imagine que je prends des renseignements pour les transmettre aux ennemis de la Porte ottomane; nous revenons ensuite à Damas.

Mon émir visite la ville, passe la revue des troupes, inspecte les magasins militaires, et nous partons, le 28, pour Naplouse. Nous traversons plusieurs forêts, des plaines immenses, de hautes montagnes, et nous arrivons à Tabarieh, où nous restons quatre jours; puis nous nous rendons à Jaffa, où l'émir est attendu par sa femme, avec le reste de sa maison.

Je passe un mois à Jaffa.

De cette dernière ville, je parcours toutes les contrées décrites par M. de Chateaubriand.

J'ai visité tous les lieux dont parle cet éloquent écrivain. A mon retour en France, j'ai lu son *Itinéraire,* et je puis attester la vérité de toutes ses descriptions; car, pour peindre fidèlement ce que j'ai vu, il me suffirait de copier littéralement M. de Chateaubriand.

Le 2 septembre 1802, mon émir quitte Jaffa, escorté par cinquante soldats turcs. Tous les officiers de sa maison le suivent à cheval. Des chameaux et des mulets portent les bagages. Nous arrivons le 5 à Nazareth. Je me promène dans les environs, qui sont tous bien cultivés. J'entre dans une église bâtie sur l'emplacement d'une maison jadis habitée par saint Joseph, d'après les gardiens du Temple. Le 8, on me montre sur la route les restes du couvent des quarante martyrs, transformé en minaret. Le 11, je traverse un bois d'oliviers entouré de nopals, auprès duquel sont des ruines, des souterrains et une immense quantité de blocs de granit. Ce pays est infesté de Bédouins, voleurs intrépides; on n'y peut voyager qu'avec une forte escorte, et encore est-on rançonné par les cheiks. C'est la route des caravanes venant de l'Asie. J'entre dans la Judée, contrée montagneuse, couverte de fougères et de forêts. J'entrevois le village du *Larron,* patrie du criminel qui se repentit sur la croix. Non loin de là sont les ruines du château des Machabées. Le peuple est tout à fait misérable en ces contrées. Chose curieuse, on y voit quelques vignes. Sur un pont de pierres tombant de vétusté, je traverse le torrent de David. J'en remarque plusieurs autres, notamment celui qui est situé près du village d'*El-Biré,* vers Naplouse.

Nous suivons le pays de Sichem, terre d'Israël, où l'on ne

voit plus aujourd'hui que des camps d'Arabes. A quatre ou cinq lieues de Jérusalem, l'émir fait demander le cheik de la tribu d'Abou-Cafb, qui se rend auprès de lui avec une vingtaine d'Arabes. Cette petite troupe se joint à nous jusqu'à la porte de l'Europe ou des Pèlerins. Un officier de la suite va prévenir l'aga, gouverneur de Jérusalem, de l'arrivée du pacha d'Antioche. L'aga arrivé, le cheik et ses Arabes, généreusement payés, se retirent.

Après le salut et toutes les cérémonies d'usage, nous entrons, le 13, à Jérusalem. Nous logeons dans le palais de l'aga, à l'extrémité de la rue des Chrétiens. Le lendemain, mon émir passe la revue de la garnison.

Je me complais à marcher dans la ville sainte. Je me rends à la maison de Pilate, qui n'est plus qu'un amas de décombres. De là on aperçoit un vaste emplacement sur lequel, selon mon guide, était le temple de Salomon : une mosquée en occupe aujourd'hui la place. Auprès du grand bazar sont les restes du palais d'Hérode, et, à quelque distance d'Éphraïm, la tour de David. Je n'oublie point de la visiter.

Le 16, je me dirige vers les couvents. M'étant fait reconnaître pour Français à un religieux espagnol du nom d'Ignacio, je lui raconte les événements d'Égypte qui me concernent et ma captivité. Le révérend Père, qui est sexagénaire, m'accueille on ne peut mieux, s'intéresse vivement à mes malheurs et me fait des offres de service que je refuse, non sans l'en remercier. Je lui demande la permission de revenir le voir, ce qu'il m'accorde volontiers.

En quittant le couvent, obligé d'accompagner partout mon émir, je me rends avec lui à la mosquée, à l'heure de la prière; mais, dans ce lieu même, si différent de ceux que je viens de quitter, mon entretien avec le religieux espagnol m'occupe tout entier. Je venais de causer avec un Européen! Quelle joie, quel bonheur, quand on est si loin de sa patrie, quand on a si peu d'espoir d'y retourner! Aussi, dès le lendemain, je me présente de nouveau au couvent latin. Le religieux Ignacio vint au-devant de moi, avec plusieurs de ses collègues, qui m'accablent de questions. Je leur témoigne le désir de voir les temples saints : ils se mettent à ma disposition avec empressement. Je vais au saint Sépulcre, au mont Calvaire. Je contemple le tombeau du Christ, ceux des héros des Croisades. Les souvenirs des temps chevaleresques reviennent en foule à ma mémoire, et c'est l'âme remplie de la plus vive émotion que j'embrasse le père Ignacio, en lui promettant de ne point quitter Jérusalem sans lui faire mes adieux.

Chaque jour je parcours l'antique cité pendant trois ou quatre heures, tantôt seul, tantôt avec quelques Turcs de la maison d'Esscid-Katif-el-Becker, qui me donnait une solde quotidienne d'environ vingt sous de monnaie de France; aussi avais-je l'attention de régaler souvent mes compagnons avec des galettes (*fatir*) que les musulmans aiment particulièrement. Je visite les bazars, les mosquées, les bains, les cafés, etc. Je ne peux surtout me lasser de regarder ces amas de décombres, qui jadis ont été des palais et des temples...

Dans les quartiers des juifs, des Grecs et des Arméniens, tous de costumes différents, je ne vois que des malheureux dans la plus noire misère. Couverts de guenilles, la figure blême et décharnée, suite des maladies de peau qui les rongent, ces infortunés présentent l'aspect le plus repoussant.

Près de la porte de Sion, j'entre dans un hôpital, où je remarque une chaudière presque aussi grande que celle de l'hôtel des Invalides de Paris. Un officier turc m'introduit dans une espèce de citadelle, puis dans une tour assez bien conservée, où il me montre de vieux casques en fer de la forme de ceux des chevaliers de la Croix. Visitant quelques ruines aux environs de Jérusalem, je passe à côté de la piscine de Bethsabée, fossé large et profond, mais sans eau ; je gravis la montagne de Sion, où quelques pierres indiquent encore la place de la maison de Caïphe et le tombeau de David.

Les murs de Jérusalem passent sur la cime de la montagne de Sion et s'inclinent vers la vallée de Josaphat. Tout près de là est la piscine de Siloé, où les Turcs lavent aujourd'hui leur linge.

A un quart de lieue de Jérusalem, non loin du village de Siloun, je vais visiter les tombeaux de Zacharie, de Josaphat et d'Absalon, le jardin des Oliviers, le sépulcre de la sainte Vierge et la citerne aux douze arcades des Apôtres.

Le 12 octobre, je fais mes adieux au R. P. Ignacio et aux autres gardiens du Saint-Sépulcre, qui me donnent leur bénédiction en me souhaitant toutes sortes de prospérités. Le religieux espagnol me remet une lettre pour le P. Dominique, du couvent latin de Bethléem. J'embrasse ces religieux et je les quitte sans pouvoir trouver d'expressions pour peindre le bonheur que j'avais éprouvé au milieu d'Européens et le plaisir d'avoir visité leur temple.

Le 13, le pacha d'Antioche, avec toute sa suite, sort de Jérusalem par la porte de Damas, pour se diriger vers les montagnes du côté de Bethléem. Nous prenons la route que, plus tard, je devais trouver décrite par M. de Chateaubriand. Je traverse le champ de Rama, où se trouve le tombeau de Rachel.

L'émir est encore reçu par un aga à son entrée à Bethléem, petite ville mal bâtie sur une côte aride.

Le 15, je me rends au couvent du R. P. Dominique, à qui je

remets ma lettre. Il me fait entrer dans le monastère, où l'on m'offre des rafraîchissements et où je suis accueilli avec le plus touchant empressement. Je demande à voir l'église, désir que satisfait le P. Dominique en me faisant visiter l'édifice élevé par les rois de Jérusalem. Et je m'applaudis de ce que ma mauvaise fortune a si bien secondé mes vues, mes malheurs me permettant de satisfaire ma curiosité.

Le même jour nous repartons pour la mer Morte. Nous suivons une vallée où se montrent quelques vignes mal cultivées. Nous passons à côté de la grotte du Pasteur, montagne sur laquelle Abraham faisait paître ses troupeaux. Notre caravane ayant dépassé cette montagne, un camp d'Arabes se lève en nous apercevant et prend les armes. L'émir fait demander le cheik, qui vient lui offrir une escorte; il la refuse, et le chef des Bédouins se retire en voyant une troupe plus nombreuse et mieux armée que la sienne.

Nous continuons notre route en longeant le couvent de Saint-Sabas. Ce monastère, desservi par cinq religieux, est situé dans une plaine aride et bâti sur le lit desséché du torrent de Cédron.

En suivant le torrent, je me retourne pour regarder encore une fois, entre les montagnes, les temples et les minarets de Jérusalem.

Ce pays est infesté de Bédouins. Il est très poudreux, sans arbre, ni mousse, ni herbe, couvert de montagnes escarpées et de précipices affreux formant deux chaînes : l'une, au levant, est noire, jaune et rougeâtre; l'autre me rappelle les montagnes du Jura.

Entre ces montagnes, à une distance de vingt-cinq à trente lieues de Jérusalem, est la mer Morte, qui occupe l'emplacement de Sodome. C'est un lac profond dont les Arabes tirent beaucoup de sel. Ses côtes, bordées de quelques roseaux, inspirent la tristesse. On n'y aperçoit ni barques ni nacelles, mais seulement quelques arbres creusés dont les Bédouins se servent pour aller couper les roseaux.

Enfin, j'atteins les rives du Jourdain. Je les côtoie quelque

Monastère de Saint-Sabas.

temps à cheval; mais je suis bientôt forcé de m'arrêter, à cause des rochers et des monticules qui encaissent le fleuve.

Nous plantons nos tentes du côté du lac de Tibériade, auprès d'une tribu d'Arabes dont le cheik passe la nuit sous la tente de l'émir.

Le 18, escortée par les Arabes, notre caravane traverse une plaine immense. Nous venons camper à deux lieues de Jéricho

à côté d'une source d'eau amère, au pied d'une montagne entourée
de dattiers et d'oliviers dont les fruits servent à la nourriture des
Arabes de ces contrées. L'aga de Jéricho se rend le soir même
auprès d'Esseid-Katif-el-Becker, qui l'a fait prévenir, et il passe la
nuit avec lui.

Laissant Jérusalem à notre droite, nous allons bivouaquer,
le 19, à quelque distance de Rama, toujours escortés par des Arabes.
Le 20, nous longeons le bourg de Ramleh et nous arrivons le
lendemain à Jaffa.

Le 5 novembre, l'émir s'embarque pour Saint-Jean-d'Acre.
Il me laisse à Jaffa avec une partie de sa maison. En l'attendant, je fais quelques excursions dans le pays. Je parcours nos
champs de gloire et de carnage; mais je ne me fais pas connaître
comme Français, encore moins pour avoir assisté au siège de
Jaffa.

Le 17, Esseid-Katif-el-Becker revient à Jaffa; et quatre jours
après il s'embarque avec toute sa maison sur une espèce de brick
armé servi par des matelots grecs. Après deux jours de naviga-
tion, j'aperçois les ruines du château de Césarée, les différents
ports de la Palestine, les montagnes de la Judée, la pointe de
l'ancienne Tyr, l'île de Chypre. Le 27, nous débarquons dans l'île
de Rhodes. J'y remarque un château qui sert aujourd'hui de prison,
et qu'on me dit avoir été la demeure des chevaliers de Saint-Jean
de Jérusalem. J'examine aussi les deux piliers qui supportaient
les jambes du fameux colosse de Rhodes.

Nous nous rembarquons le 6 décembre. Après dix-neuf jours
de traversée, nous arrivons à Smyrne, que je quitte le 2 janvier 1803 pour accompagner mon émir à Athènes, où il n'emmène
qu'une faible partie de sa maison. Pendant ce voyage, il est sur

une litière portée par deux mules. Sa suite est à cheval. Le pays
que nous traversons, quoique brûlant, est le plus beau que j'aie
jamais vu. Le 6, nous entrons dans Athènes. La nouvelle ville est
petite, entourée de murs et flanquée de tours qui tombent en
ruines. Les maisons sont ornées de jardins plantés d'arbres frui-
tiers, surtout d'orangers et de figuiers. Les habitants paraissent
gais et très prévenants. Ils offrent aux voyageurs de leur servir
de guides, moyennant une modique rétribution, pour visiter les
environs de la cité de Minerve.

Esseid-Katif-el-Becker est logé dans un vaste édifice bâti sur
l'emplacement du temple d'Olympie, auprès de la place de Mara-
thon.

Il y avait cinq ans que je n'avais bu de vin : j'en trouve à
Athènes, mais il est roux et un peu amer.

Durant mon séjour dans cette ville, je visite les curiosités
qu'elle renferme. Je vais dans les endroits qui rappellent de grands
souvenirs. Ici, c'est le Lycée, le temple de Thésée, le Parthénon
et l'Aréopage, où l'on construit une mosquée; plus loin, le Pnyx,
où se tenaient les assemblées des Athéniens, espèce d'esplanade
sur un rocher escarpé. Là, c'est la colline du Musée, d'où l'on
voit le lit desséché de l'Ilyssus, les ports déserts de Phalère, de
Munychie et du Pirée. Sur l'emplacement d'un couvent dont je
longe les murs, fut, me dit-on, *la lanterne de Diogène*. Ailleurs,
quelques ruines rappellent encore les demeures de Démosthène,
de Socrate. Ma route est partout bordée ou interrompue par des
blocs de marbre sculptés, des fragments de statues, des tronçons
de colonnes. Je m'élève sur les décombres des Propylées et du
temple de la Victoire, dans la citadelle; de là, promenant mes
regards autour de moi, j'aperçois le mont Hymette, le mont

Icare, le Cythéron, le Pirée, les côtes de Salamine, d'Égine et d'Épidaure; la citadelle de Corinthe, les rochers de l'Aréopage, le temple de Jupiter Olympien, les débris du théâtre de Bacchus, enfin la ville moderne, dont les environs sont couverts de bruyères. A trois quarts de lieue d'Athènes, on me montre quelques vestiges du tombeau d'Agamemnon.

Le 1er février, je me rends au port du Pirée; là se livra la bataille de Salamine. Le 3, je me rends à Phalère.

Deux jours après, le pacha d'Antioche rentre à Athènes, d'où il s'était absenté pour faire une excursion dans les pays environnants. Le 9, nous quittons cette antique cité pour retourner à Smyrne. Dans cette traversée, que de souvenirs encore! C'est Scyros, Délos, Naxos, îles jadis si brillantes, qui rappellent Achille, Diane, Apollon, Ariane, Thésée, Bacchus, et qui n'offrent aujourd'hui que des lieux désolés et arides.

Nous arrivons à Smyrne. Le 12, nous nous embarquons pour Constantinople. Le 15, d'un endroit nommé la Poudrière, je découvre la capitale de l'empire du croissant, bâtie en amphithéâtre, avec ses milliers de minarets, et la grande mosquée de Sainte-Sophie.

Débarqué au faubourg de Scutari, Esseid-el-Becker se rend avec toute sa suite à son palais, peu éloigné de celui du Grand Seigneur et de Sainte-Sophie. Ce palais est vaste. Le harem occupe un bâtiment séparé accompagné d'un jardin, au bas duquel est un canal. La chambre que l'on me donne a vue sur une grande cour où est l'entrée des appartements du prince. Cette chambre est garnie d'un tapis sur lequel sont quelques coussins et plusieurs larges pièces d'étoffe pour se couvrir, selon l'usage de l'Orient. Tout y annonce le faste, et rien la commodité; il n'y a ni table, ni banc, ni chaises, ni meubles; il faut toujours être debout ou assis comme les tailleurs.

Je parcours la vaste cité où réside le chef suprême des Ottomans.

Pendant mon séjour dans cette ville immense arrivent plusieurs vaisseaux marchands de mon pays, entre autres deux de Marseille. Je lie connaissance avec les officiers et les matelots et leur apprends que je suis un compatriote. Ils me proposent de me ramener en France, mais je n'ose profiter de cette offre.

Un officier d'un de ces bâtiments s'était chargé de porter quelques secours à un officier du 13ᵉ de ligne fait prisonnier sur mer près de Corfou, et détenu à Constantinople. Grâce à mon costume, et en m'annonçant comme spahi du vice-roi d'Antioche, je pénètre dans les prisons, dont je procure l'entrée à l'officier de marine. Nous y trouvons plusieurs Français également faits prisonniers à Corfou. Je gémis de ne pouvoir faire pour eux que des vœux stériles. Je rends plusieurs visites à ces nouveaux compagnons d'infortune; toutefois je suis plus heureux qu'eux, quoique tondu et affublé d'un turban.

Dans le faubourg de Péra, je rencontre un commis voyageur de Lyon, qui m'apprend qu'il n'est bruit en France que de la concentration d'une armée formidable, près de Boulogne, pour opérer une descente en Angleterre. Dès lors, je ne songe plus qu'aux moyens de retourner en France. Esseid-Katif-el-Becker m'avait promis de me faire nommer officier dans les janissaires à cheval; mais je n'avais aucune envie de servir Sa Hautesse; je soupirais sans cesse après l'instant où il me serait donné de revoir ma patrie. J'avais souvent accompagné mon chef chez l'ambassadeur de France, et c'est de celui-ci que j'espérais obtenir les

7

moyens d'aller rejoindre mes frères d'armes, si les bords du
Nil ne les avaient pas tous engloutis sous les sables; mais, le
3 mai 1803, le vice-roi d'Antioche part pour son pachalif, et je
dois l'accompagner.

Dans ce nouveau voyage, je traverse un beau pays couvert de
bois et de haies, riche, cultivé, et ressemblant beaucoup à la
Bretagne.

Esseid-Katif-el-Becker, quoique Turc, aimait les lettres. Il avait
commencé par servir dans l'arme du génie; c'est à ces connais-
sances dans cette partie qu'il devait la faveur dont il jouissait
auprès du sultan; il avait été chargé par Sa Hautesse de visiter
les frontières de l'empire ottoman en Asie.

Sa réception à Antioche est extrêmement brillante. Toute la
population est sous les armes et forme une haie jusqu'au palais
du vice-roi, fort beau et très vaste.

Je reste vingt jours à Antioche, constamment de service auprès
de mon émir, l'accompagnant partout, tantôt à pied, tantôt à
cheval. Le 24 mai, nous quittons Antioche, et trois jours après
nous sommes de retour à Constantinople.

Pendant tout le mois de juin, je continue mon service auprès
du prince, l'accompagnant chez les grands, à la mosquée, à la
promenade. Par mon caractère franc et gai, je parviens tellement
à capter sa confiance, que souvent il me charge de petites com-
missions pour sa femme. D'abord, je ne vais que jusqu'au premier
appartement du harem, et je remets les objets dont je suis porteur
aux personnes chargées de me recevoir. J'avais pourtant grande
envie de pénétrer plus avant, afin d'apercevoir les *houris* qui
entouraient la princesse et cette princesse elle-même; pendant mes
voyages avec l'émir, je n'avais pu voir ses traits une seule fois,

tant elle mettait de soin à se dérober aux regards curieux. Avec le temps je me hasarde à faire quelques pas de plus, et j'entre dans les seconds appartements. Commençant à parler turc très passablement, sur ma prière, quelques femmes de la princesse me font voir diverses chambres remarquables par leur élégance et leur richesse. Mon enjouement plaît à ces femmes, avec lesquelles je réussis à causer de temps à autre pendant quelques minutes, car un tiers assiste toujours à ces entrevues quand je viens au palais par ordre de l'émir, et elles me font cadeau de plusieurs ceintures, de mouchoirs brodés par elles et de quelques autres colifichets. Enfin, un jour, je parviens jusqu'à la chambre de la princesse, accompagnant mon émir, suivi d'un eunuque. Je suis ébloui par l'éclat des richesses et des ornements de toute sorte qui décorent cet asile impénétrable aux regards profanes : il est impossible de se faire une idée d'un luxe semblable à celui qui y règne ; il semble qu'on respire la volupté au milieu des parfums qui s'en exhalent... Mais, quoique comblé des bienfaits de mon protecteur, un seul désir m'occupait constamment, celui de revoir ma chère et belle patrie, et je me décide à abandonner le palais du vice-roi d'Antioche.

Le 10 août, je réunis mes effets les plus précieux, et, armé de mon damas, d'un poignard et d'une paire de pistolets, je m'échappe de mon domicile. Il est environ onze heures du matin. Je suis si troublé de l'idée de ma fuite, que j'erre dans les rues de Constantinople sans savoir où je vais. Je ne m'arrête que dans le faubourg de Péra. Je passe plusieurs fois devant l'hôtel de l'ambassadeur, et je me décide enfin à y entrer. Je me fais annoncer au général Sébastiani comme Français et dromadaire de l'armée d'Égypte, et on m'introduit près de lui. Je lui raconte mes malheurs, je lui parle de la reconnaissance que je dois à l'émir, à la maison duquel je suis attaché; mais je veux revoir mon pays. L'ambassadeur me promet que mes souhaits seront accomplis et, jusqu'au moment de mon départ, j'habite à l'hôtel de l'ambassade, où l'on me procure un costume français; mais je conserve soigneusement mon costume turc (je l'ai encore). Le général Sébastiani me donne quatre cents francs pour mon voyage, et, le 17 août, je quitte Constantinople avec une petite caravane de quarante personnes composée de négociants turcs, italiens et suisses, et de deux Français. Une partie est montée sur des mules, des ânes et des chevaux; l'autre partie (je suis du nombre) est à pied.

Je ne puis exprimer ce que j'éprouve en m'éloignant de Constantinople. Pendant plusieurs jours je suis triste et rêveur; le souvenir de mon séjour chez l'émir m'est sans cesse présent à l'esprit: il m'a arraché à la captivité, je regrette de le quitter... Il me semble que tout ce qui m'est arrivé depuis vingt-six mois n'a été qu'un rêve; mais je suis distrait des pensées qui m'assiègent par les deux Français qui font partie de la caravane. Je loge avec eux jusqu'à Zara, en Dalmatie, où j'arrive le 19 septembre, sans incidents dignes d'être mentionnés.

A Zara, je n'ai plus que cinq compagnons de voyage : deux Grecs, un Italien, un négociant de Trieste et un Français. A Trieste, je reste seul avec l'Italien, qui se rend à Padoue; nous y arrivons ensemble. Je me rends à Udine, où je trouve mon ancienne demi-brigade, la 9ᵉ de ligne. Tous mes camarades me croyaient mort... Je partage vivement la joie qu'ils éprouvent en me revoyant. Ce jour est le plus beau de ma vie. Rien ne peut exprimer ce que je ressens au milieu de mes frères d'armes... C'est le 2 octobre 1803.

Le lendemain ils me conduisent ou plutôt ils me portent chez leur colonel, M. Pépin, qui m'accueille avec non moins d'intérêt que ses officiers. Il m'invite à dîner avec ceux qui ont fait les campagnes d'Égypte. A table, je leur raconte l'histoire de ma triste captivité et mon séjour chez l'émir. Le colonel, dans les termes les plus flatteurs, m'engage à rester dans la 9ᵉ comme sous-lieutenant, se chargeant d'en demander le brevet. Tout étourdi encore de ma réception, du plaisir de revoir mes anciens amis, j'accepte sans réfléchir : le puis-je en un semblable moment?

Je remets au général Boursier, qui commande à Udine, la lettre de recommandation que m'a donnée le général Sébastiani.

Tous les jours ce sont de nouvelles fêtes... Chaque officier, chaque soldat qui m'a connu en Égypte m'arrête dans la rue pour m'embrasser, et je suis obligé de leur raconter des événements auxquels moi-même j'ai peine à croire.

J'avais remis la garde de mon journal de campagne à un de mes amis, Huet, alors sergent-major avec moi à la 9ᵉ; je le retrouve quartier-maître de la même demi-brigade, et il me remet intactes mes notes. C'est tout ce qui peut ajouter à mon bonheur.

J'apprends les événements qui ont eu lieu en Égypte pendant ma captivité et la rentrée de notre armée en France. Les dromadaires ont été licenciés, et ceux qui en faisaient partie sont entrés dans les chasseurs de la garde. Ainsi, en réclamant comme eux mon admission dans ce corps, je pense obtenir un grade équivalent à celui de lieutenant dans la ligne; mais toute mon ambition se réduisant à être officier avec mes anciens camarades dans les rangs où j'ai fait mes premières armes, heureux de leur amitié et de l'intérêt qu'ils me témoignent, je ne fais aucune demande d'avancement : pour rester avec eux, je consentirais à porter encore le sac et le fusil[1].

Le 11 octobre 1803, le 9ᵉ part pour Landau, où nous arrivons le 15 novembre. Un bataillon est détaché à Strasbourg.

Quatre jours plus tard, le colonel Pépin me fait demander chez lui et m'annonce, en m'embrassant, qu'il vient de recevoir mon brevet de sous-lieutenant et un congé de six mois avec solde entière, ainsi que le rappel de ma solde arriérée et de ma demi-solde pendant tout le temps que j'ai été prisonnier. Il réunit, à cette occasion, ses officiers dans un repas où chacun se félicite de me conserver dans la 9ᵉ. Je pleure de joie en recevant ces marques d'amitié, qui me sont données avec tout l'abandon de la franchise militaire, pendant que notre musique joue, sous les fenêtres du colonel, l'air : *Où peut-on être mieux qu'au sein de sa famille?*

Les demi-brigades prennent la dénomination de régiment. Je fais partie de la 2ᵉ compagnie du 2ᵉ bataillon, sous les ordres du commandant Grandjean.

Le 8 décembre, le 9ᵉ reçoit l'ordre de former un bataillon d'élite, composé de trois compagnies de grenadiers et de trois de chasseurs. J'y entre, comme sous-lieutenant de chasseurs, sous le commandement du chef de bataillon Royer; mais, ce bataillon devant partir très prochainement, comme je veux profiter de mon congé, j'obtiens de passer dans une compagnie du centre, en attendant des lettres de ma famille, qui habite Paris.

Nous partons pour Strasbourg le 14 décembre. Le 20, nous

---

[1] Nous ferons remarquer ici que, si l'avancement de M. François n'a pas été aussi rapide qu'il devait l'espérer, après avoir couru autant de dangers, c'est qu'il n'a jamais rien demandé. Il voulait qu'on lui offrît des récompenses et dédaignait de les solliciter. C'était un vrai soldat, aussi étranger à l'intrigue qu'à la politique. On verra, par la suite de son *Journal*, que sa conduite n'a jamais varié; aussi ne parvint-il qu'au grade de capitaine.

nous rendons à Colmar et, le 21, à Belfort, lieu de notre destination. Après bien des marches et des contremarches, nous
retournons à Strasbourg, et, le 3 septembre 1804, mon colonel
me désigne pour aller chercher le nouveau drapeau du régiment
à Paris, avec une députation de plusieurs autres officiers, sous-

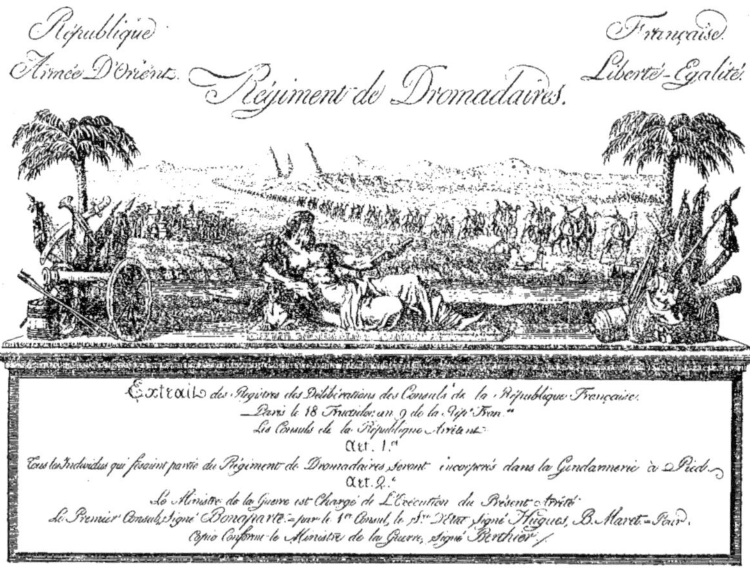

officiers et soldats. J'assiste alors aux fêtes qui ont lieu dans la
capitale, à l'occasion de la distribution des enseignes à tous les
régiments.

La députation retourne à Strasbourg avec son drapeau. Mon
colonel me laisse à Paris pour le recrutement, faveur que j'accepte
avec grand plaisir. Je passe plusieurs mois très agréables avec
ma famille, dont je n'avais pu jusque-là connaître l'adresse exacte,

ce qui fait que mes lettres étaient restées sans réponse pendant mon séjour à Landau. Je profite de mon séjour dans la capitale pour prendre des leçons d'escrime de La Faugère.

Le 18 avril, je pars avec quatre-vingt-neuf conscrits, que je conduis jusqu'à Stolzemans, en Westphalie, pour le 19ᵉ de ligne, sans laisser un seul homme en route, ce que prouve le certificat du colonel Manset. Je suis de retour à Paris le 24 juin; mais je reçois aussitôt l'ordre de me rendre à Arras, où je vais rejoindre le bataillon d'élite du 9ᵉ, qui fait partie de la division du général Junot.

J'arrive le 4 juillet à Arras. On me place dans la 2ᵉ compagnie de chasseurs.

Notre division part, le 8 août, pour le camp de Boulogne, où se réunit, afin d'opérer une descente en Angleterre, la plus belle armée que l'Europe ait vue depuis des siècles. Dès mon arrivée, j'admire le spectacle remarquable qu'offre la distribution du camp. Chaque quartier ressemble à une petite ville, où la commodité et les agréments de la vie s'unissent à la discipline et à l'autorité qui doivent régner dans un camp. Des terrains naguère fangeux et stériles n'offrent plus que de belles et longues avenues, sur les deux côtés desquelles sont d'innombrables baraques en bois couvertes en paille. A chaque pas on trouve des bancs et des carrés de verdure. Des colonnes, des obélisques s'élèvent de toutes parts. Chaque régiment a son jardin, élégamment dessiné : des saignées pratiquées dans les digues préservent de l'humidité les habitations du soldat. De longues chaussées conduisent aux villes et aux villages environnants. Une grande quantité de puits fournit une eau limpide, qui contribue à l'embellissement de cette cité guerrière. Les faisceaux sont formés de tous côtés avec autant de goût que de régularité, et les inscriptions martiales qui les décorent donnent au front de bandière un aspect vraiment héroïque. Les rues portent les noms des braves morts au champ d'honneur. La plus franche union existe parmi les troupes. Le matin, on manœuvre ; le soir, on danse, on fait des armes, on joue la comédie : c'est une activité continuelle.

C'est lorsque tout était prêt pour la descente en Angleterre, qu'on parle, dans le camp, de la guerre avec l'Autriche. En effet, peu de temps après ces bruits, notre division reçoit l'ordre de se rendre à Strasbourg. Nous partons en poste sur des charrettes ; nous arrivons à Strasbourg le 7 septembre, et, le 30, le général Oudinot prend le commandement de notre division, qu'on appelait, dans l'armée, la division *des Réunis,* parce qu'elle était entièrement formée de compagnies d'élite tirées des divers régiments. Ce même jour nous passons le Rhin.

Le 2 octobre, nous nous rendons à Neresheim. La division Oudinot y prend la tête de la colonne du corps d'armée du maréchal Lannes. Le 7, nous passons le Danube à Donawerth. Le lendemain, nous prenons part au combat de Wertingen. La brigade dont je fais partie, commandée par le major Brayer, poursuit vigoureusement l'ennemi dans cette journée si glorieuse pour les armes françaises. J'y suis le témoin d'un fait bien remarquable : un chef d'escadron, suivi d'un seul dragon, enlève un drapeau au milieu d'une colonne autrichienne et fait cent prisonniers, en feignant d'être suivi par les siens et criant avec force : « Escadron, en avant ! »

Le 10, notre division prend part au combat de Gutzburg, et le 13, pendant celui d'Elchingen, nous nous emparons des hauteurs qui dominent la plaine de Pfuhl et de la tête du pont d'Ulm.

Nous ne sommes en campagne que depuis peu de temps ;

mais nous avons fait tant de marches forcées, que les soldats sont déjà pieds nus : aussi disions-nous que nos généraux se servaient plus de nos jambes que de nos baïonnettes.

Nous ne recevons pour solde que des billets de banque, sur lesquels nous perdons dix pour cent; nous sommes tout à fait misérables. Harassés par la fatigue, mouillés par une pluie ou une neige continuelles, transis de froid, bivouaquant dans la boue, nous supportons cependant tout sans nous plaindre, dès que nous entendons quelques mots de cette éloquence militaire qui résonne si délicieusement dans le cœur de tout soldat français. Dans cette brillante campagne de quinze jours, qui nous est comptée comme une année de campagne, nous chassons de la Bavière toutes les troupes autrichiennes, auxquelles nous prenons deux cents pièces de canon, quatre-vingt-dix drapeaux et je ne sais combien de généraux.

Le 23, la division des Réunis s'empare de Braunau, après quelques jours de blocus. Le 31, nous poursuivons avec acharnement l'arrière-garde autrichienne, et nous entrons à Lintz. Le 2 novembre, nous marchons sur les Russes. Nous les attaquons : ils font une résistance opiniâtre et digne d'être opposée à la valeur française; mais ils ne peuvent tenir contre nos baïonnettes, et c'est avec cette arme que nous les enfonçons. Le 13, nous bivouaquons à trois lieues de Vienne. Dans la même journée nous passons le Danube. Le lendemain, nous avançons sur Stekeren, où nous trouvons un magasin d'effets militaires dans lequel nous prenons des souliers : nous en avions grand besoin.

Deux jours après, nous marchons sur Hollabrunn, d'où nous débusquons l'arrière-garde russe. En la poursuivant, nous nous trouvons arrêtés par un défilé, en avant du village de Schœngraberg. Malgré la nuit, les Réunis s'avancent pour attaquer l'ennemi de front et par la gauche. Notre brave général Oudinot, digne de commander une aussi belle division, se met à la tête de la brigade Laplanche. Les Russes, qui avaient l'avantage de leur position, nous reçoivent énergiquement, et ce n'est qu'à onze heures du soir que nous restons maîtres du champ de bataille. Il était couvert de morts, car les Russes sont bons soldats et tels que les a peints le grand Frédéric : « Il ne suffit pas de tuer un Russe, il faut encore le pousser pour le faire tomber. » La vérité est qu'ils sont braves et qu'ils tiennent solidement aux postes qu'ils ont à défendre. Dans cette belle affaire, le général Oudinot, qui nous donnait partout l'exemple du courage et de l'intrépidité, déjà couvert de cicatrices, est blessé grièvement, ainsi que ses deux aides de camp, MM. Demengen et Lamollo. Le général Duroc prend alors le commandement de notre division.

Le 20 novembre, nous sommes en position en avant de Brunn.

Le 1ᵉʳ décembre, tous les mouvements de l'armée annoncent une bataille. Notre division est dans la plaine de Schlapanitz; mais, dans la nuit, nous sommes détachés du corps d'armée du maréchal Lannes, pour former la réserve avec dix bataillons de la Garde... Le lendemain a lieu la célèbre bataille d'Austerlitz... Hélas! nous n'y prenons part qu'en admirant les beaux faits d'armes qui ont lieu devant nous et en nous désolant de rester en présence de l'ennemi sans pouvoir faire feu, sans nous servir de nos baïonnettes... Nous écumons de rage d'être forcés de rester l'arme au bras... Les cris de « Victoire! » retentissent dans les rangs français, et nous n'osons mêler nos voix à celle de l'armée : nous regrettons presque les succès qu'elle obtient, puisqu'ils sont la cause de notre inactivité... Mais bientôt nous félicitons nos frères d'armes, nous pleurons de joie en leur racontant leurs propres exploits : nous avons été les témoins de leur valeur et, comme eux, jamais nous n'oublierons la journée d'Austerlitz... Quelle gloire immortelle pour le nom français! Cent mille hommes étaient devant notre armée.

Le 4 décembre, l'armée ennemie battant en retraite, un armistice est conclu avec l'Autriche et la Russie. Trois jours après, tous les prisonniers de la garde noble russe sont renvoyés à l'empereur Alexandre. Je fais partie de l'escorte de ces fanfarons qui, il y a six jours, ne parlaient que de nous anéantir, et qui aujourd'hui nous proclament les plus braves soldats du monde. Nous les conduisons au quartier général russe, puis nous reprenons nos cantonnements.

Le 24 décembre, nous sommes aux environs de Schœnbrunn, et, le surlendemain, un traité est signé à Presbourg. On nous annonce la paix. On nous habille et on nous paye une partie de l'arriéré.

Après bien des marches et des contremarches, notre division se trouve, le 7 octobre 1806, à Schwinfurt. Une nouvelle guerre s'engage avec la Prusse. Nous nous avançons sur Saalfeld, où nous repoussons l'avant-garde prussienne. Le prince Louis de Prusse, chargé de défendre le pont de la Saale, combat à la tête de sa cavalerie avec une intrépidité toute française; mais ses escadrons sont culbutés par les 9ᵉ et 10ᵉ hussards. Au moment où il cherche à les rallier, il est joint par un maréchal des logis, nommé Guindé, du 10ᵉ hussards, qui lui crie de se rendre sans le connaître, car il le prenait pour un général. Le prince, qui avait une réputation de bravoure méritée, s'arrête, fait volte-face et combat corps à corps avec le hussard. Celui-ci réitère sa sommation : « Rendez-vous,

Les Russes nous reçoivent énergiquement.

lui dit-il, ou vous êtes mort! » Pour toute réponse, il reçoit un coup de sabre; il riposte aussitôt en étendant le prince mort à ses pieds.

Notre division continue sa marche en avant. Le 12 octobre, nous arrivons à Iéna, où nous nous établissons sur la rive droite de la Saale. La fameuse bataille d'Iéna se livre deux jours après. Cette fois notre division prend une part brillante à cette belle journée, dont le nom s'unira toujours à celui d'Austerlitz. Après deux heures d'un combat, mené de part et d'autre avec un ordre et une fermeté qui rendent les avantages indécis, notre division enlève le bois où se sont retranchés quelques corps ennemis. Dans cette attaque, je reçois quatre balles : une atteint mon chapeau, deux traversent mon habit, et la quatrième me fait une légère contusion à la cuisse droite. Nous perdons un très grand nombre de grenadiers et de voltigeurs; mais nous donnons à notre armée les moyens de se porter en avant. Un biscaïen rase la poitrine du maréchal Lannes, chef de notre corps d'armée, et déchire son habit sans lui toucher le corps.

Une bataille suffit à anéantir cette superbe armée prussienne qui, huit jours auparavant, nourrissait de si grandes espérances et que l'on poursuit aujourd'hui dans toutes les directions.

Le 17 octobre, nous marchons sur Dessau, pour prendre la position d'Aken, que nous occupons, en effet, le 20. Quatre jours après, nous nous mettons en marche pour passer l'Elbe, à Decht. Le 25, nous arrivons à Potsdam, et le lendemain nous entrons à Spandau.

Après plusieurs combats, notre division s'avance, le 24 décembre, sur Poltusch, et le surlendemain nous livrons un violent combat aux Russes. Nous devons déployer toute notre intrépidité pour conserver notre supériorité sur les soldats du Nord.

Au commencement de 1807, nous prenons des cantonnements nécessités par la rigueur de la saison dans un semblable pays; mais, aucune convention n'ayant été conclue, nous sommes toujours sur le qui-vive. Nous attendons impatiemment la reprise des hostilités, car nous endurons de grandes privations, et notre seul désir est de marcher en avant. Nous serions morts de faim, dans ces contrées arides, sans le secours des juifs, qui s'y trouvent fort nombreux.

Le 31 janvier, nous nous rendons à Brok.

Après les combats de Passacq, Grass-Glandau et Hoff, Schewechen et Eylau, nous prenons des quartiers d'hiver. Il m'est impossible de passer sous silence la bataille d'Eylau, à cause de l'horrible tableau qu'offre le champ de bataille à la fin de cette journée. Ce sont de ces images qui ne s'effacent jamais de la mémoire, mais qu'aucune parole ne saurait rendre. Quel épouvantable spectacle! La neige, qui couvre la terre sur une immense étendue, est presque entièrement rougie par le sang des morts et des blessés!... Dans cette affaire, je reçus deux balles : l'une traversa mon chapeau, et l'autre m'atteignit légèrement à la cuisse droite.

Le 17 février 1807, la division des Réunis se cantonne le long de l'Omulew, gardant les côtes de la Narew jusqu'à Ostrolenka. Avec moins de six mille hommes, nous avions réussi à entrer dans cette ville. Les Russes nous y attaquent avec vingt-cinq mille hommes; mais nous défendons les rues avec tant d'énergie, qu'après trois charges successives, l'ennemi se retire derrière les monticules de sable qui couvrent Ostrolenka. Durant ce terrible engagement, les généraux Oudinot et Suchet se mettent en marche pour venir nous secourir. Ils attaquent l'ennemi. Tandis que l'infanterie fait des prodiges de valeur, le général Oudinot, à la tête de la cavalerie, la poursuit jusqu'à trois lieues de là ; nous reprenons ensuite nos cantonnements.

Le 7 mai, à marches forcées, nous nous dirigeons sur Marienburg, où nous arrivons cinq jours après, pour secourir le 10ᵉ corps, commandé par le maréchal Lefebvre, sous les murs de Dantzick. Je voudrais pouvoir exprimer l'accueil que nous font les soldats de ce corps : notre présence les remplit de joie et leur rend confiance. L'entrevue du brave général Oudinot et du maréchal Lefebvre excite l'enthousiasme des troupes, et la prise de Dantzick leur paraît assurée. Le lendemain de notre arrivée devant cette place, à 8 heures du matin, l'ennemi, protégé par son artillerie, opère une sortie. Il enlève une redoute que gardaient les Saxons, nos auxiliaires. Ceux-ci fuient au moment où le maréchal Lefebvre vient les secourir à la tête d'un régiment d'infanterie.

« Enfants, leur crie-t-il en allemand, c'est aujourd'hui notre tour ! »

Et il se jette dans la mêlée. Les soldats entourent leur digne chef pour lui faire un rempart de leur corps.

« Non, non, dit le maréchal ; seraient-ils cent mille, il faut vaincre ! »

Et, à la tête des troupes qui le suivent au pas de charge, il pénètre dans la redoute à travers une grêle de balles et de mitraille. Le choc est terrible ; mais rien ne résiste aux baïonnettes de nos braves. L'ennemi, culbuté, se retire en désordre, laissant la redoute et ses abords jonchés de morts et de blessés.

Le 25 mai, à 4 heures du matin, l'ennemi débouche de son camp de Newfahrwaser. Le général Schramm se porte à la tête de l'île de Narhun. Notre division est placée à la gauche de

8

la basse Vistule. Les Russes s'avancent alors sur quatorze colonnes, au nombre de douze mille hommes. Ils obtiennent d'abord quelques succès, et ils essayent de forcer les lignes que commandait le général Schramm ; mais trois fois ils sont repoussés avec perte. Ils font une quatrième tentative, et le général Schramm a besoin de toute sa fermeté pour soutenir le choc. C'est dans ce moment, où l'action est devenue des plus meurtrières, que notre division arrive. Un boulet emporte le cheval du général Oudinot, qui combat alors à pied et porte, avec son sabre, des coups aussi terribles que nous avec nos baïonnettes. Les Russes sont culbutés et poursuivis, la baïonnette dans les reins, jusque sous le canon de la place. Ils payent cher leur premier combat avec nous, car le champ de bataille est couvert de leurs morts. Notre armée, composée de Français, de Polonais et de Saxons, a cent soixante hommes hors de combat ; les Russes en perdent trois mille : notre division seule ramasse neuf cents des leurs, presque tous percés de coups de baïonnettes.

Le 16 mai, les Russes nous laissent au repos ; nous en profitons pour préparer une attaque de vive force sur Hagelsberg. On achève un pont de radeaux sur la basse Vistule, et on couronne une tête de pont sur la rive gauche malgré le feu de l'ennemi.

Le lendemain, notre division va à la tranchée. Les Russes n'osent pas sortir : le souvenir de la journée du 15 est encore trop récent pour eux.

Le 18, une mine est pratiquée pour faire sauter une portion de contrescarpe afin de faciliter l'assaut.

Le jour suivant, on aperçoit une corvette anglaise qui remonte la Vistule : les grenadiers de la garde se jettent à la nage et la prennent à l'abordage. Elle est chargée de poudre et d'avoine.

Le 21, le corps du maréchal Mortier, venant de la Suède, renforce notre armée. Tout se prépare pour livrer un assaut dont la réussite est certaine, lorsqu'un armistice de trois jours est conclu avec le gouverneur de Dantzick.

Le 24, la place capitule.

Deux jours après, le fort de Wieshmunde se rend aussi.

Le 27, toute notre armée étant rangée en bataille, la garnison sort avec armes et bagages, drapeaux déployés, tambour battant, mèche allumée; elle défile ainsi devant nous, puis elle dépose ses armes. Elle est envoyée en France, prisonnière de guerre.

Le corps d'armée du maréchal Lefebvre entre dans Dantzick. Nous, nous sommes cantonnés aux environs de la place.

A cette époque, nous éprouvons une telle disette de vivres, que nous sommes forcés de nous entendre avec les Russes pour nous en procurer. Nous formons une sorte de trêve tacite, qui est très bien observée par la chaîne des avant-postes des deux armées. Ceux qui ne connaissent pas la guerre se persuaderont difficilement que ces soldats, si paisibles en présence les uns des autres, sont prêts à s'égorger au premier signal. Nos besoins sont tels, que nous fraternisons avec ces vilains et sales cosaques irréguliers, que nous ne redoutons plus depuis longtemps. L'aspect sauvage et l'audace tant vantée de ces barbares intimident peu les Français, surtout ceux qui, comme moi, ont vécu au milieu des Arabes. Le besoin réunit les caractères les plus opposés, et nous nous entendons avec ces cosaques presque aussi bien que si nous comprenions leur langage.

Voici un trait à l'appui de ce que j'avance.

Des voltigeurs de ma compagnie, sur le bord de l'Omulew, passent dans une île qui est sur cette rivière, pour enlever des pommes de terre que de malheureux paysans polonais venaient d'y enfouir. Ils y rencontrent des cosaques, conduits par le même dessein. Ils conviennent mutuellement, par signes, de laisser leurs armes dans leurs barques, de faire des recherches en commun et de faire ensuite un partage égal. Les voltigeurs, plus adroits et plus alertes, ont bientôt ramassé les pommes de terre ; mais ils remplissent exactement les conditions du traité, en les partageant avec les cosaques. Ils s'éloignent ensuite chacun de leur côté. Je pourrais citer vingt traits du même genre.

Après les combats de Spanden, de Lomitten et de Guttstad, nous livrons, le 10 juin 1807, la bataille d'Heilsberg.

Je parle des divers combats livrés par l'armée française avec plus ou moins de développements, selon que le corps auquel j'appartiens y a pris plus ou moins part. Je relate plus spécialement les événements dont j'ai été témoin. Je ne puis guère juger les opérations en grand : elles sont du domaine de relations plus considérables que la mienne. C'est pour cette même raison que je me borne, le plus souvent, à ne citer que des généraux de division ou de brigade qui donnent des ordres ou combattent sous mes yeux. C'est un simple journal que j'écris pour conserver le souvenir de mes campagnes. Quant à l'histoire complète des guerres de l'époque qui nous occupe, il en existe une multitude d'ouvrages qu'on peut consulter. Si j'entrais dans trop de détails, j'aurais l'air de copier ces ouvrages. Toutefois, mon journal a été écrit sur les lieux mêmes, le soir, le lendemain ou quelques jours seulement après chaque action.

Dans la nuit du 10 juin, notre corps d'armée, commandé par le maréchal Lannes, se porte sur Heilsberg. A midi, notre cavalerie atteint l'arrière-garde russe, qu'elle pousse devant elle pendant une heure, tandis que nous arrivons sur Heilsberg, en serrant les bords de la rivière de l'Alle. L'ennemi, débusqué d'un bois qu'il occupait, se retire dans ses retranchements. A 4 heures, l'attaque est générale. L'armée russe, réunie toute à Heilsberg, occupe d'excellentes positions, défendues par soixante pièces de gros calibre, qui nous foudroient et nous arrêtent. Cependant, à la nuit, notre division s'avance à travers la mitraille et la fusillade : nos pertes sont considérables. A 9 heures du soir, on se bat sur toute la ligne avec un égal acharnement des deux côtés. Plusieurs divisions russes sont culbutées; mais le gros de leur armée résiste toujours, et leur feu, bien nourri, semble nous annoncer qu'ils se défendront longtemps; ils ne nous cèdent le terrain que pied à pied, en nous tuant plus de quatre mille hommes; pourtant, le seul avantage que nous obtenons est de nous établir sous les retranchements de l'ennemi. Le maréchal Lannes a deux chevaux tués sous lui. Je reçois trois balles dans mon habit, sans qu'elles me fassent le moindre mal. Ce combat sanglant ne cesse qu'au milieu de la nuit. Il met sept cents hommes de notre division hors de combat, dont vingt-trois de ma compagnie.

Dans cette affaire, le 6ᵉ cuirassiers, commandé par le colonel d'Avenay, fit devant nous les charges les plus brillantes. Je me trouvai un instant auprès du colonel, qui, montrant son sabre dégouttant de sang, dit qu'il n'y avait pas un de ses cuirassiers qui n'eût son sabre comme le sien; un de ses chefs d'escadron reçut cinquante-deux blessures et n'abandonna son commandement que lorsqu'il n'eut plus la force de se tenir à cheval.

Le 11, nous nous attendons, mais inutilement, à voir les Russes sortir de leurs retranchements. A 10 heures du soir, nous apercevons plusieurs de leurs divisions qui passent sur la rive droite de l'Alle. Ils abandonnent toute la gauche, en nous laissant leurs blessés, leurs magasins, leurs retranchements et une partie de leur grosse artillerie. Le lendemain, nous entrons à Heilsberg sans éprouver aucune résistance.

Le 13, l'armée se remet en marche. Notre division s'avance sur Damnau.

Le 14, à 5 heures du matin, l'armée russe débouche par le pont de Friedland, sur la rive droite de l'Alle. Elle attaque notre corps d'armée (celui du maréchal Lannes), qui forme la première ligne avec le corps du maréchal Mortier... Nous nous préparons à vaincre, car ce jour est l'anniversaire de la bataille de Marengo... Les Russes, ne voyant que deux corps d'armée devant eux, font de grands efforts pour nous enfoncer; mais ils ne peuvent réussir à nous faire reculer d'un pas. A 5 heures et demie, deux autres corps d'armée se joignent à nous et raniment notre ardeur. L'attaque est aussitôt ordonnée sur la ville de Friedland. Les Russes, pour conserver ce point important, redoublent d'efforts et essayent de nous repousser; ils le sont eux-mêmes par notre division, que notre intrépide général Oudinot (l'un de ceux qui ont le plus contribué au gain de cette bataille) fait avancer à la baïonnette. Nous culbutons les colonnes russes sur l'Alle; plusieurs milliers des leurs se noient; nous en tuons, en outre, une grande partie, et un très petit nombre parvient à se sauver à la nage. Toutes nos baïonnettes sont teintes de sang jusqu'à la douille. J'en suis quitte pour quelques égratignures et un léger coup de baïonnette dans la cuisse droite, ce qui ne m'empêche pas de rester à ma compagnie, dont plus de la moitié a eu ses habits déchirés dans cette horrible mêlée. Le maréchal Ney, profitant de notre belle charge, attaque la garde impériale russe.

Après un combat dans lequel les Russes ont les premiers succès, il les enfonce, en fait un affreux carnage et les force à se replier en désordre dans Friedland, où il entre bientôt. A ce moment, notre corps d'armée est attaqué; mais nous recevons vigoureusement l'ennemi. Vainement sa cavalerie veut nous charger, nous sommes inébranlables, et les Russes trouvent la mort au bout de nos baïonnettes. Depuis les campagnes d'Égypte, je ne me suis pas trouvé à une aussi épouvantable boucherie. A chaque pas nous tuons un Russe, et ils ne nous laissent avancer qu'en tombant. Cependant leur général, voyant fondre sur lui nos colonnes victorieuses, accélère son mouvement sur Friedland. Ses troupes se portent en foule pour passer un gué sur l'Alle; mais nous les poursuivons de si près, qu'une grande partie se noie et que nous faisons beaucoup de prisonniers.

La ville offre l'affreux spectacle des horreurs de la guerre. Les tués et les blessés y sont amoncelés. Les Russes échappent à nos baïonnettes, la traversent dans le plus grand désordre pour gagner la rive droite de l'Alle; l'entrée et la sortie du pont sont encombrées d'hommes qui se sont étouffés en se pressant pour sortir... A 11 heures du soir, la victoire est à nous. Quinze mille Russes au moins couvrent le champ de bataille. Soixante-dix pièces de canon, presque autant de caissons, plusieurs drapeaux, quelques milliers de prisonniers, tels sont les trophées de cette mémorable journée; mais notre perte est de six mille hommes, et parmi les blessés sont les généraux Drouet, Latour-Maubourg, Cochon, Brun, Mouton et Lacoste.

La journée du 15 est employée à poursuivre l'ennemi. Le lendemain, un pont est jeté sur le Prégel.

Les Russes, en fuyant, brûlent presque tous leurs magasins.

Ce qui n'est pas atteint par l'incendie tombe en notre pouvoir et nous est d'un grand secours, attendu que nous manquons entièrement de vivres. Je ne puis concevoir comment nous supportons tant de fatigues et de combats, sans avoir un seul morceau de pain ; nous n'avons pour toute nourriture que des pommes de terre, heureux encore quand nous en mangeons à notre appétit. Cette disette ne profite pas aux Polonais, qui payent cher notre invasion chez eux.

Le 17, en avant de Lobau, notre corps d'armée rencontre l'arrière-garde russe ; nous la battons et nous lui faisons trois cents prisonniers.

Le surlendemain, le quartier général étant à Tilsitt, des pourparlers s'engagent entre les généraux des deux armées. Cette nouvelle, qui circule dans nos rangs, nous comble de joie, car nous sommes près d'expirer de besoin.

Deux jours après, un armistice est signé, à notre grande satisfaction, malgré nos brillants succès. Accoutumés à la gloire, nous sommes las de souffrir ; la misère nous fait désirer le repos.

Nous établissons nos lignes sur les bords du Niémen. De ces cantonnements nous voyons, de l'autre côté du fleuve, les Kalmoucks, ces monstres sauvages, auxquels je ne puis donner le nom d'hommes. Les Kalmoucks sont petits, mais vigoureux ; ils ont la tête très grosse, le front haut, les yeux renfoncés, le menton rond et couvert de barbe. Vêtus de grands manteaux rouges, ils n'ont pour armes que des flèches empoisonnées, qu'ils décochent en fuyant. Les officiers russes nous disent de ne point communiquer avec ces barbares, qui sont traîtres et féroces ; mais nous nous entendons très bien avec les troupes régulières russes, dont

nous avons plus d'une fois admiré la valeur sur le champ de
bataille.

Pendant qu'on discute à Tilsitt les conventions d'un traité de
paix, nous manœuvrons souvent par corps, par division, par régiment, par bataillon et même par compagnie, en présence des

Bataille de Friedland (14 juin 1807).

souverains et des princes étrangers. Un jour, le grand-duc Constan-
tin, frère de l'empereur de Russie, s'arrête assez longtemps devant
ma compagnie, tandis que je fais exécuter la deuxième leçon de
l'école de peloton. Les charges et les feux sont si bien exécutés,
que le prince me donne vingt pièces d'or pour les distribuer à
mes hommes.

Le 9 juillet, le traité de Tilsitt est signé. Alors nous formons, aux environs de Tilsitt, des camps dans le même genre que ceux de Boulogne. Les rues sont alignées au cordeau et portent des noms qui rappellent les principaux combats livrés par l'armée française ou la mémoire des braves morts au champ d'honneur. Nos baraques sont en planches, blanchies à l'extérieur, couvertes en paille, avec portes et fenêtres. Nos camps sont beaux..., mais ils coûtent cher à nos ennemis et à nous-mêmes... Nos soldats ont enlevé, à cinq ou six lieues autour d'eux, les meubles, les portes, les fenêtres, les toiles et les bois des infortunés paysans polonais, qui ont été forcés de fuir, et bientôt les vivres nous manquent... Nous mourons de faim dans nos palais!!!

Le 12 juillet, je reçois ma nomination de lieutenant à la 5e légion de réserve, qui s'organise à Grenoble. Je dois m'y rendre de suite. Le lendemain, après avoir fait mes adieux à mes camarades, je pars pour l'Italie, où est mon ancien régiment, afin d'y rejoindre trois officiers qui ont la même destination que moi.

Je traverse une partie de la Pologne, la Prusse, la Bavière; j'entre en Italie et j'arrive, le 29 juillet, à Godroïpo, sur le Tagliamento, où est le 9e. Nous repartons le lendemain; le 20 août, nous sommes à Grenoble.

La légion s'organise. Le 16 septembre, nous recevons l'ordre de nous tenir prêts à partir pour Bayonne : on dit que de là nous allons entrer en Espagne. Nous quittons Grenoble le 21 octobre. Le 25 novembre, nous arrivons à Bayonne. Nous faisons partie de la 2e division du corps d'armée du général Dupont, commandée par le général Vedel; le 26, nous prenons des cantonnements à côté de Saint-Jean-de-Luz, et nous exerçons nos conscrits, dont les trois quarts ne sont pas habillés.

Le 19 décembre, nous nous rendons à Irun. Les vivres que

nous recevons du gouvernement espagnol consistent, pour chaque homme, en une livre et demie de pain, une demi-livre de viande, quatre onces de riz et une bouteille de vin.

Je ne suis pas peu surpris, en entrant en Espagne, de ne rencontrer ni hôtellerie ni restaurant. En arrivant à son gîte, il faut qu'un voyageur s'informe des logements, du boucher, du boulanger, du marchand de vin, et, lorsqu'il a fait toutes ses provisions, il trouve difficilement à les faire cuire. S'il n'est pas muni d'une couchette, on ne lui donne dans l'espèce d'auberge, *posada,* où il est descendu, qu'une natte très sale; et pourtant on lui fait payer bien cher, jusqu'à l'air qu'il respire. Des êtres fiers et orgueilleux, quoique malpropres et en guenilles, n'ayant la plupart du temps, pour tout vêtement, qu'un manteau brun ou noir, dans lequel ils se drapent, tels sont les Espagnols qui s'offrent à mes premiers regards. Leur chaussure est un morceau de peau de buffle que tient une courroie de cuir et qu'ils appellent *espadrilla.* Hommes et femmes sont armés d'un couteau pointu ou stylet.

Après avoir passé par Ernani, Tolosa, Villa-Réal, Montdragon, Vittoria, Mirande, Pancorbo, Breviesca, Monasterio, Burgos, Zelada, Villodino, Torquemada, Duenas, etc., notre corps d'armée se réunit à Valladolid, le 13 janvier 1808. Les Espagnols ne nous accueillent pas mal, à quelques assassinats près, qui ne sont point d'une augure des plus favorables pour l'avenir.

Le 10 février, notre légion part pour Toro. Le lendemain, nous arrivons à Zamora. Pendant mon séjour dans cette ville, je remarque qu'un grand nombre d'élèves d'artillerie et beaucoup de bourgeois s'en éloignent. Je demande quel peut en être le motif aux personnes chez lesquelles je loge et qui m'ont pris en amitié. A force de supplications, elles m'apprennent que les Espagnols forment des rassemblements en Andalousie. Je fais part de ces nouvelles à mes camarades, qui ne savent trop ce qu'on en doit penser.

Le 14 mars, nous quittons Zamora. Le 17, nous arrivons à Medina-del-Campo. Dans cette marche, plusieurs de nos soldats, restés en arrière, sont assassinés ; nous nous attendons à un soulèvement général.

Le lendemain, nous allons bivouaquer dans la plaine d'Olmedo. Ce même jour, je reçois ma nomination de capitaine, signée du général Dupont, de capitaine des voltigeurs du 1er bataillon.

Le 19, nous sommes aux environs de Ravajos, village près de Ségovie. Le lendemain, je pars, avec mes voltigeurs, pour Ségovie, afin d'y requérir des vivres pour notre division. Lorsque j'y arrive, j'adosse ma compagnie à l'hôtel de ville, pour éviter d'être entouré par les habitants, que le bruit de mes cornets attire sur la place. Ayant placé des sentinelles devant les armes et recommandé à mes hommes de ne pas s'éloigner, suivi de la populace, qui est curieuse de voir les premiers militaires français entrés à Ségovie, je me rends chez l'alcade. Il me reçoit fort bien et me fait fournir une partie de ma demande.

Le 21, j'envoie à la division, par des alguazils, des bœufs, une assez grande quantité de pain, du fourrage, et je pars dans la même nuit.

Le lendemain, notre division se rend à Ségovie, où nous nous établissons.

Le 28, vers 9 heures du soir, sortant du bureau du commandant de la place pour aller au bureau militaire de la Junte, je suis accosté par deux soldats espagnols déguisés, du régiment d'Alcantara. L'un me porte sur la tête un coup de sabre qui, fort heureusement, ne me coupe que la corne de mon chapeau et égratigne ma contre-épaulette. Quoique un peu étourdi du coup, je tire mon sabre, et, plus leste et plus adroit que les deux Espagnols, j'en blesse un à la cuisse; il tombe, tandis que l'autre s'enfuit. Je vais sur-le-champ à la commune rendre compte de cette agression. On fait aussitôt des recherches, et on trouve un soldat blessé entre les mains d'habitants qui l'ont ramassé : il raconte qu'un Français a voulu l'assassiner. On le conduit à l'hôpital, où je vais le voir le lendemain avec le général Vedel et quelques autorités espagnoles. Cet homme est très mal : je lui ai presque traversé la cuisse, et on ne peut obtenir aucune parole de lui. Cette affaire en reste là.

La place est commandée par le chef de bataillon Chaudron, qui me prend près de lui comme adjudant de place. Je suis si bien avec les autorités, pour lesquelles j'ai beaucoup d'égards, que, la veille du départ de la division, l'alcade me fait cadeau de douze onces d'or de la valeur de quatre-vingt-quatre livres chacune, et de douze aunes de très beau drap.

Le 8 avril, notre division s'éloigne de Ségovie. Le 9, nous logeons au bourg de l'Escurial. Dans l'après-midi, le roi Charles IV et la reine arrivent à l'Escurial dans une voiture antique attelée de huit mules, escortés par un escadron de carabiniers royaux. Le lendemain, tous les généraux et officiers français sont présentés à leurs majestés. Le roi témoigne sa surprise au général Vedel de voir une division française à l'Escurial. Ce monarque annonce une grande bonté. Il est vêtu avec une extrême simplicité : un habit et une culotte de drap gris, des bas de soie blanche attachés, avec deux jarretières, au-dessus des genoux; des souliers avec de grandes boucles en argent tenues par des oreilles de drap cramoisi. La reine a aussi un costume très simple, de couleur blanche.

Le 11, nous quittons l'Escurial. Le 12, nous longeons Madrid, pour nous rendre aux villages de Rozas et de Maïa Louda.

Le lendemain, j'obtiens la permission d'aller à Madrid, avec quelques officiers. Nous parcourons cette capitale, et nous examinons tout ce qu'elle offre de remarquable. A dix heures du soir, nous regagnons nos cantonnements. Au moment où nous passons sur le beau pont du Mançanarès, on tire sur nous quelques coups de fusil; ils viennent de l'autre rive. N'ayant que nos sabres, nous continuons notre route, et ces braves Espagnols nous escortent ainsi, en tiraillant, jusqu'aux premières maisons du village, sans, heureusement, atteindre aucun de nous.

Le 21 avril, notre division se porte en avant du village de Caramancelli. Il est question, plus que jamais, de nombreux rassemblements d'Espagnols armés. On s'attend à une émeute générale à Madrid. On dit que plus de vingt mille paysans sont entrés dans la capitale. Le 25, nous remplaçons à Aranjuez la 1re division. Le 26, M. le major Duras, commandant notre légion, m'envoie à Madrid, avec mon soldat de confiance, pour faire des achats d'habillement et d'équipement. Il me remet dix mille francs à cet effet. Le soir même, je me rends à Madrid. Je loge chez un banquier, M. Acosta, où je trouve une société charmante qui me fait l'accueil le plus affable; je crois revoir ma patrie. Aidé des conseils de mon hôte et conduit par son fils, je remplis une partie de ma mission. Dans mes courses, je vois de nombreux rassemblements dans divers quartiers : j'en demande la raison à mon hôte. Il me répond que le peuple, qui ne regarde nullement les Français comme des alliés, mais plutôt comme des oppresseurs, est mécon-

tent de notre long séjour en Espagne, et surtout du départ du roi ;
il m'engage à sortir rarement, parce que la populace de Madrid
est méchante. Je le remercie de ses bons conseils et, dès cet instant, mon sabre et une paire de pistolets ne me quittent plus
pendant mes courses.

Le 1er mai, longeant la rue *del Solo*, je la trouve encombrée

L'Escurial.

d'habitants ; ils injurient tous les Français qui passent seuls devant
eux, et même les détachements qui viennent des distributions. En
rentrant, je trouve des rassemblements plus nombreux encore dans
la rue du Prado. Ces furieux, en me faisant des gestes menaçants,
me traitent de brigand et me disent : « A demain ! » Revenu
chez mon hôte, je lui fais part des compliments qu'on vient de
m'adresser. Il me répond en m'engageant à ne pas sortir le lendemain, parce que le départ de la reine exaspère le peuple, qui
se portera, à n'en point douter, aux plus grands excès. Le soir,
avant de rentrer dans ma chambre, je salue mon hôte qui, en me
réitérant ses conseils, me serre la main et me dit : « Soyez sans

inquiétude; vous êtes chez un ami des Français; mon père l'était; dormez tranquille. » Livré aux pensées que ces paroles font naître en mon esprit, je dors peu, et toute la nuit, contre mon ordinaire, j'entends le bruit de nombreuses personnes circulant par les rues.

Le 2, à six heures du matin, les voitures de la reine des Asturies et de l'infant don Carlos sont devant la porte du palais du roi. Les Espagnols regardent le départ de ces deux hauts personnages comme un acte de trahison de la part des Français; ils se rassemblent dans tous les quartiers et jettent des pierres à nos sentinelles. Un aide de camp apporte au palais l'ordre du départ, et il manque d'être assassiné. Désirant voir partir la famille royale, je suis présent à cette scène. L'officier de garde commande de faire feu sur la populace. Alors je rentre promptement dans mon logement, pour mettre ordre à mes affaires. Je remets mes effets entre les mains de mon hôte, qui m'en donne un reçu, et je laisse mon soldat à les garder. On veut me retenir; mais, en entendant la fusillade, je regarde par la fenêtre et je vois un Français assassiné; aussitôt je me rends au quartier Saint-Nicolas. Toute la troupe est sous les armes. Je me présente au colonel des fusiliers-chasseurs de la garde, qui me place dans une compagnie. À onze heures, le bataillon où je suis s'avance, par pelotons, vers la rue del Solo, précédé des chasseurs à cheval, des mamelucks, des Polonais, des Basques et de l'artillerie. En entrant dans cette rue, nous sommes assaillis de pierres, de tuiles, de chaises, de bancs, de tables, que l'on nous jette de tous côtés; on nous tire des coups de fusil par les fenêtres, ainsi que par les soupiraux des caves. Nous rompons par sections, chaque section faisant feu de son côté. Arrivés à la place Mayor, notre artillerie fait plusieurs décharges à boulet, longeant la rue. La foule se retire dans le plus grand désordre. Notre cavalerie, principalement les mamelucks, charge le peuple dans les rues et sabre tout ce qu'elle rencontre. A midi, les troupes cantonnées aux environs de la capitale entrent dans Madrid au pas de charge, par différentes portes. Le peuple, tremblant et cependant assoiffé de vengeance, ne sait plus où se porter. Il se dirige vers l'hôpital, avec l'affreux dessein d'égorger les malades, et vers l'arsenal, pour s'en emparer; mais ses tentatives sont vaines : les malades font une courageuse résistance jusqu'à l'arrivée des troupes. De notre côté, le feu continue : tous les Espagnols qui ne cèdent point sont percés à coups de baïonnette. Nous poursuivons notre marche sur le Prado, où se trouvent les rassemblements les plus considérables : les grilles sont fermées. Alors nous engageons une fusillade à laquelle les Espagnols répondent et qui ne finit qu'à 5 heures. Enfin, maîtres du Prado et ayant dispersé les rassemblements, nous bivouaquons dans tous les quartiers, avec des canons en batterie, mèche allumée, et nous faisons des patrouilles. Tout Espagnol trouvé les armes à la main est conduit au Retiro et fusillé derrière l'hôpital. Notre perte, dans cette émeute, est de cinq cents hommes; celle des Espagnols est, dit-on, de cinq mille.

Le 3, le calme est rétabli; cependant, à 3 heures de l'après-midi, nous avons une fausse alerte. On fortifie et on arme le Retiro, qui domine la ville. Cette émeute est le commencement de la funeste guerre qui doit coûter tant d'enfants à la France.

Je retourne, le 4, chez mon hôte et, le 9, je continue mes emplettes.

Le 17, je rejoins la légion avec deux voitures chargées d'effets d'habillement et d'équipement.

Cinq jours après nous partons d'Aranjuez et nous arrivons le surlendemain à Tolède. Le chef de bataillon Chaudron, désigné pour commander la place, me choisit encore pour un de ses adjoints.

Le 27, les Français annonçant l'abdication de Charles IV et de son fils au trône d'Espagne, une insurrection générale éclate dans tout le royaume. Une junte s'établit au nom du souverain légitime et se proclame indépendante. Le peuple espagnol jure partout *guerre à mort* aux Français. C'est au milieu de cette effervescence qu'on veut donner un nouveau roi à l'Espagne... Le sang français va couler de toutes parts... Quel en sera le résultat?

Notre armée est pleine d'ardeur; mais elle se compose, en grande partie, de conscrits instruits à la hâte dans les dépôts. Il me paraît bien difficile, avec des hommes tout à fait novices dans l'art des combats et sans habitudes militaires, d'entreprendre une guerre aussi opiniâtre et avec une nation fière et vindicative. Nos chefs la disent dégénérée et annoncent qu'elle ne tardera pas à se soumettre; selon moi, ils connaissent mal les Espagnols : l'avenir le leur prouvera.

Le 2 juin, le général Lagrange arrive à Tolède, pour prendre le commandement de la province de la Manche. Je l'ai connu en Égypte, lorsqu'il était chef d'état-major. Je lui fais visite; il m'accueille avec tout l'intérêt qu'excite en lui le souvenir de nos mémorables combats dans les contrées orientales.

Quinze jours après, le bataillon dont je fais partie reçoit l'ordre d'aller joindre la première division avec trois escadrons de chasseurs et de hussards. Dans cette marche, nous voyons à chaque pas les traces d'une férocité qui épouvante l'imagination et nous fait nous demander si nous nous trouvons en pays civilisé ou chez des cannibales... Je ne dirai pas : « On m'a dit, » mais : « J'ai vu » des cadavres de femmes éventrées, ayant les seins coupés;

des hommes sciés en deux; d'autres, enterrés vivants jusqu'aux épaules et mutilés de la manière la plus affreuse; d'autres, pendus par les pieds dans les cheminées et qu'on fait brûler ainsi. A Val-de-Péguasse, j'ai vu cinquante-trois Français enterrés jusqu'aux épaules : ils étaient rangés autour d'une maison servant d'hôpital, où quatre cents soldats venaient d'être égorgés; leur chair, déchirée en mille morceaux, avait été jetée de tous côtés; nous en apercevons des lambeaux ensanglantés jusque sur les buissons qui bordent la route. Cet horrible spectacle semble nous prédire les malheurs qui nous attendent... Le général René, que j'ai connu en Égypte, vient rejoindre l'armée du général Dupont, avec sa femme et son enfant. Il est arrêté dans les gorges de la Sierra Morena; on le conduit jusqu'à une ferme, à une demi-lieue de la Carolina, nommée Penaperos. Là, les bourreaux qui l'ont pris le scient en deux en présence de sa femme, qu'ils brutalisent sous les yeux de son mari; puis cette infortunée est témoin de la mort de son fils, auquel on fait subir le même supplice qu'au père; enfin cette femme, elle aussi, expire dans les mêmes tourments... Qu'ont-ils fait? Ils sont Français!... Et leurs bourreaux?... Non, ce ne sont pas des Espagnols, ce ne sont pas des hommes : la nature s'est trompée, en donnant une forme humaine à de pareils monstres : toutes les nations doivent les rejeter de leur sein... Il est pénible de retracer les détails de cruautés aussi épouvantables!

Le 14 juin 1808, à 9 heures du matin, nous atteignons le village de Barajis. Je suis d'arrière-garde avec mes voltigeurs, chargé d'escorter les équipages. Les paysans, voyant une centaine d'hommes autour de dix voitures, font feu sur la tête de ma petite colonne. Le sergent ordonne de faire halte et envoie un de ses hommes me prévenir de ce qui se passe. Je fais réunir les équipages, que je laisse à la garde de vingt voltigeurs avec mon lieutenant, tandis que mon sous-lieutenant fouille le village avec quelques hommes. Celui-ci est attaqué : j'avance alors avec le reste de ma compagnie. Nous engageons une fusillade qui tue quinze paysans; les autres prennent la fuite. Je rejoins mes équipages; deux de mes voltigeurs ont été atteints par le feu des Espagnols : l'un a été tué, l'autre blessé grièvement; je les fais placer sur une charrette. J'emmène avec moi huit paysans que nous avons faits prisonniers. J'arrive à Mora à 1 heure de l'après-midi. Je rends compte de cette affaire au général Poinsot, qui approuve ma conduite.

Le 16 juin, nous nous rendons au village de Madridejos, où nous trouvons les généraux Saint-Hilaire et Léger-Belair, avec quelques centaines d'hommes qui, ayant été pris par les Espagnols, sont parvenus à s'échapper de leurs mains. Là, on nous distribue quelques vivres, dont nous avons le plus grand besoin, car il y a trente-six heures que nous sommes à jeun. Pendant mon séjour dans ce bourg, nous sommes continuellement assaillis par les paysans; aussitôt que les soldats s'éloignent des bivouacs, ils sont massacrés; mais ils ne reçoivent la mort qu'après des souffrances inouïes. Nous en ramassons à qui on a coupé le nez, les oreilles, les poignets, la langue; d'autres à qui on a arraché les ongles et les yeux... Je ne reviendrai plus sur ces horreurs, dont le souvenir doit navrer tous ceux qui ont fait cette lugubre campagne. Qu'on se figure les atrocités les plus horribles, et on n'aura qu'une légère idée de celles dont nous recueillons chaque jour les plus tristes preuves.

On nous annonce notre départ pour Andujar, afin de nous réunir à la division. Nous sommes enchantés, tant nous désirons nous retrouver au milieu de nos frères d'armes; néanmoins cette division, manquant de vivres, est réduite à manger du blé vert et les raves qu'elle ramasse dans les champs et sur la droite du Guadalquivir.

Le 23, nous bivouaquons dans le bourg du Maçanarès. Les habitants ont tous quitté leurs maisons, craignant notre vengeance, à cause de leurs assassinats. Nous ne trouvons qu'un malheureux Français, qui, abandonné par ces barbares, après avoir eu les oreilles et le nez coupé, est devenu fou par suite des souffrances qu'il a endurées. Nous trouvons aussi dans plusieurs maisons quelques soldats tués : certains sont encore pendus par les pieds, dans les cheminées

La Sierra Morena.

où on les a fait brûler... Mais j'ai promis de ne plus revenir sur ces horreurs.

Le 24, le départ est ordonné : les soldats et un grand nombre d'officiers ont tellement bu de vin trouvé dans les habitations désertes, qu'ils sont ivres à ne pouvoir marcher. Cependant, le 25, nous bivouaquons à Elivo-del-Marquisa.

Le lendemain, nous traversons la Sierra Morena. A l'entrée de cette gorge de montagnes, nous rencontrons un rassemblement de trois mille hommes environ qui veulent nous barrer le passage. La brigade du général Poinsot, dont ma compagnie forme l'avant-garde, les culbute, s'empare de leur artillerie, de leurs munitions, et fraye le chemin au reste de la division. Dans cette affaire, un biscaïen coupe le fusil dont je suis armé sans me faire de mal. Cette expédition terminée, je flanque le côté droit de la division avec mes voltigeurs, gravissant et descendant les rochers ou les montagnes, couvertes de broussailles, marche extrêmement fatigante, faite toujours en tiraillant. Arrivé presque à l'extrémité de ces rochers, j'aperçois, sur la grande route, des cadavres d'hommes et de chevaux, et, un peu plus loin, des coupures; puis, en face, six pièces de canon montées sur des tronçons d'arbres et servies par des artilleurs espagnols. J'envoie un de mes voltigeurs au général Poinsot, pour le prévenir de cette rencontre, et je prends mes dispositions. J'ordonne à quarante hommes, sous le commandement de mon lieutenant, de tourner cette batterie, et je garde avec moi cinquante-trois hommes et mon sous-lieutenant. Dès que mon lieutenant a dépassé la batterie sur la droite, je fais sonner la charge, et m'élance au pas de course sur l'ennemi. Malgré une décharge à mitraille qui me tue deux des miens et en blesse sept, nous nous précipitons sur les canons. Je reçois sur la tête un coup de crosse de fusil que m'assène un paysan, mais qu'un de mes cornets étend mort d'un coup de baïonnette. Nous nous emparons des pièces après avoir tué dix-sept canonniers et fait treize prisonniers. Je laisse quinze hommes avec un sergent à la garde de la batterie et des prisonniers, et je fais savoir au général que la route est libre, et je poursuis les fuyards

avec le reste de mes voltigeurs. Je ne m'arrête qu'au village de
Santa-Helena, où j'attends la division. Elle arrive à 2 heures de
l'après-midi. Les généraux Vedel et Poinsot me font demander.
Je me rends d'abord chez le général Poinsot, à qui je fais le récit
détaillé de mon fait d'armes, en même temps que j'exalte la valeur
de mes jeunes voltigeurs. Mon chef me serre la main et me dit
des paroles flatteuses. Il m'accompagne ensuite chez le général
Vedel, qui me donne aussitôt des éloges et promet de me faire
obtenir la croix d'honneur. Je dîne avec lui et, de retour au bivouac
de ma compagnie, mes chefs et mes camarades viennent me
féliciter et envient mon bonheur.

Après un repos de quelques jours à la Carolina, nous allons
bivouaquer en avant de Baylen. Le 4 juillet, nous traversons le
Guadalquivir. Ce même jour, le général Vedel m'envoie, avec les
1re et 3e compagnies de voltigeurs de la légion, à Linarès, pour
y reconnaître une fabrique de plomb et un moulin à poudre.
Arrivé sans obstacle à Linarès, je montre mon ordre à l'alcade,
qui me laisse, sans difficulté, pénétrer dans le moulin à poudre.
J'y trouve une assez grande quantité de poudre et de balles, que
je fais charger sur plusieurs voitures. Je place mes voltigeurs sur
un plateau où nous ne pouvons être surpris, et je leur fais distribuer des vivres dont ils ont grandement besoin. Plus de six cents
paysans entourent mon bivouac. Sur mon injonction, ils se retirent
et, après quelques heures de repos, je me remets en route. A peine
ma troupe est-elle descendue du plateau, qu'un coup de fusil vient
blesser un de mes voltigeurs. Je les forme par sections, plaçant
mes voitures au milieu, et je continue ma marche. A une demi-
lieue de la ville, je suis attaqué de tous les côtés. Je forme mes
deux compagnies en carré, et je poursuis ma route en tiraillant sur

toutes les faces. Les paysans m'accompagnent à coups de fusil jusqu'à 5 heures du matin. J'entre alors dans un bois, où je rencontre une autre compagnie de voltigeurs. Les Espagnols, nous voyant en nombre, se retirent. A 9 heures, j'arrive au camp et je rends compte de ma mission au général Vedel.

Le 16, après avoir été vivement inquiétés pendant plusieurs jours de marche, nous arrivons à Andujar. Nous sommes surpris de voir un grand nombre d'équipages inutiles, gardés par quinze cents hommes d'élite et prêts à partir. Ils occupent deux lieues de long. Ce sont des fourgons, des carrosses suspendus, des chariots attelés de quatre à six mules, des mulets de bât, des ânes, tous appartenant aux employés de l'administration militaire et occupant le cinquième de l'armée pour les escorter !...

Nous passons la revue du général Dupont, et nous prenons nos positions, car l'ennemi est en présence. Il occupe les hauteurs d'Andujar. Nous allons, jusque sous ses canons, ramasser du grain à moitié mûr. Fatigués d'une longue route, nous n'avons pas de quoi manger, et ce grain, que nous faisons bouillir, forme notre repas.

Nous nous attendons à marcher à l'ennemi, lorsque l'ordre de départ nous est donné ; mais quelle est notre surprise et notre douleur en reprenant la route de Baylen ! Il y a une telle confusion d'ordres et de contre-ordres, les généraux de division font exécuter tant de mouvements sans ordre supérieur, que notre division arrive à Andujar sans que le général en chef Dupont en soit prévenu. De toutes ces manœuvres irrégulières et contradictoires doit, hélas ! résulter le malheur de cette triste journée.

Nous nous mettons en marche à 9 heures du soir dans le plus profond silence, et nous atteignons Baylen le lendemain matin.

Au lieu de s'assurer de la position de l'ennemi, notre général fait reposer sa troupe et distribuer ses vivres. Baylen est un point trop important pour ne pas s'en emparer; cependant, au lieu de le conserver, nous suivons la direction prise par une autre division, sur la Carolina, en laissant ainsi, par la plus inconcevable imprévoyance, la faculté à l'ennemi de s'établir à Baylen. Dès lors, les communications se trouvent coupées avec le quartier général. Les Espagnols s'empressent de profiter de cette faute. A onze heures du soir, nous faisons une halte de quatre heures au village de Guadaranva. Le 18, nous bivouaquons à la Carolina. Nous manquons de vivres : nos repas consistent en froment bouilli. Le lendemain, au matin, nous entendons une vive canonnade dans la direction de Baylen. Assez mécontents déjà des faux mouvements opérés depuis deux jours, nous demandons à voler au secours de notre armée attaquée : l'affaire paraît engagée sur tous les points. Notre général, ne pouvant enfin mettre cette vérité en doute, ordonne le départ. Nous ne sommes pas à quatre lieues du champ de bataille; mais, pour notre malheur, notre mouvement ne s'exécute pas avec la promptitude qu'exige une circonstance aussi urgente. La chaleur est excessive; néanmoins nos jeunes soldats volent plutôt qu'ils ne marchent, car nous savons tous que le général en chef doit beaucoup compter sur notre division. Malgré notre impatience, le général, voyant sa division haletante de chaleur et de soif, fait faire une halte de quatre heures près de Guadaranna : c'était bien choisir son moment! aussi chacun de nous maudit-il ce retard. Pendant cette halte, un troupeau de porcs égarés passe sur la route : les soldats courent après et en tuent un grand nombre sous les yeux de nos généraux, qui rient de cette scène en un semblable moment, quand le repos qu'ils nous font prendre sera peut-être cause de la défaite de l'armée française. Nos soldats égorgent des cochons tandis qu'on casse la tête à nos frères d'armes... Pourtant, à 2 heures, nous nous remettons en marche par sections. La chaleur gâte la viande dont nos hommes se sont chargés; ils sont forcés de la jeter, et, sur trois cents porcs qu'ils ont pris, ils ne mangent pas dix livres de viande.

A une lieue de Baylen, nous n'entendons plus la canonnade... Le général nous fait former en bataille, et nous avançons à travers les vignes, ce qui nous fatigue beaucoup. A 4 heures, nous sommes à un quart de lieue de Baylen, vis-à-vis les troupes du général Rédinz, qui envoie à notre général un parlementaire que celui-ci ne veut pas recevoir. Nous nous formons en colonne d'attaque. Un second parlementaire se présente et n'est pas plus écouté que le premier. Nous attaquons. Notre légion tient la droite de la division. Elle débusque l'ennemi, à la baïonnette, d'une position qu'il occupait sur un terrain élevé, lui prend deux pièces de canon, trois caissons et fait huit cents prisonniers du régiment d'Irlande. Dans ce moment, mon chef de bataillon m'ordonne de marcher, avec mes voltigeurs, vers une chapelle située sur un plateau qu'occupe le régiment de Jaën. Je n'ai que soixante-cinq hommes : trente sont occupés à la garde des équipages de nos généraux... Je fais sonner la charge et, à travers la mitraille et les balles, avec mes jeunes soldats je m'élance au pas de course vers l'ennemi embusqué derrière la chapelle. Lorsque nous sommes à environ quarante pas du plateau, un officier espagnol me montre un mouchoir blanc en signe de reddition; mais, au même instant, une balle me traverse la cuisse et me renverse dans les broussailles. Je m'y tapis, en apercevant les Espagnols qui, ayant reconnu notre petit nombre, se précipitent sur ma compagnie et en tuent la plus grande partie. La perte de sang me fait bientôt tomber sans connaissance, et, vers le soir, les soldats chargés de ramasser les blessés ne me voient pas. Dans la nuit, revenu de mon évanouissement, je me trouve seul au milieu de mes malheureux voltigeurs, attendant la mort qu'ils ont reçue pour prix de leur courage, car je n'ai pas la force de me remuer, pas même celle de me plaindre.

Au jour, des paysans viennent sur le champ de bataille, ramasser les armes et fouiller les morts. Deux d'entre eux me trouvent et m'injurient, après m'avoir retiré des broussailles. Ils prennent ma montre, ma ceinture, qui contenait près de deux mille francs en or, m'arrachent mes boucles d'oreille, et ils m'abandonnent ensuite, malgré la prière que je leur fais de me donner la mort pour terminer mes souffrances, ou de me conduire à l'ambulance de Baylen. Ils me répondent qu'un brigand comme moi a assez vécu, et ils s'éloignent. Quelques moments après, d'autres paysans s'approchent de moi, et je parviens à obtenir d'eux qu'ils me transportent à Baylen. Il m'est impossible d'exprimer ce que je souffre pendant ce trajet, après avoir passé une nuit entière sur le champ de bataille avec une blessure comme celle que j'ai reçue. J'arrive à Baylen dans un état désespéré ; après quelques soins, je me sens mieux. A 9 heures, je suis pansé par le chirurgien-major Desruelles, qui, durant quatre jours, me continue ses soins et m'arrache à la mort que j'attendais.

A l'ambulance, quelques officiers m'apprennent que l'armée du général Dupont, cernée de tous côtés par de nombreux corps espagnols, a capitulé ; que nos troupes sont prisonnières de guerre, à l'exception de notre division, qui sera embarquée pour la France... Capituler, quand on avait quatorze mille hommes pour traverser l'ennemi, quand on laissait dans l'inaction quinze cents soldats d'élite à la garde de fourgons chargés d'un or qui n'était point destiné à la solde de l'armée!

Le 24, quoique souffrant beaucoup encore, j'obtiens d'être transporté jusqu'à l'endroit où notre division bivouaque, sur la rive droite du Guadalquivir, près du village de Monjibard. C'est là qu'elle a été envoyée, après avoir défilé, avec les honneurs de la guerre, devant l'armée espagnole. Mes camarades me prodiguent les soins les plus touchants. Le général Vedel me fait placer sur son fourgon, et je suis ainsi la division jusqu'en Andalousie. Le 1er août, bivouaquant auprès de Moron, ma blessure me fait horriblement souffrir; il en résulte une fièvre qui ne me quitte pas pendant les quinze jours que notre légion passe dans cette ville, en attendant les bâtiments qui doivent nous transporter en France... Inutile attente! Malgré la capitulation faite avec le général Vedel, dont la division n'a pu être comprise dans celle du général Dupont, puisqu'elle ne s'est pas rendue, les Espagnols nous gardent aussi prisonniers de guerre. Le 22, nous partons par Machena. Avec mes voltigeurs et les 1re, 2e et 3e compagnies, je prends cantonnement au bourg d'Arahal, sous la conduite d'un détachement du régiment d'Alcantara, dont nous n'avons qu'à nous louer. Dans le bourg, nous sommes remis à la garde de la Junte. Mes camarades me donnent le bras pour y faire mon entrée, car je ne puis pas encore marcher seul; c'est sur un âne que j'ai fait la route de Moron à Arahal. Les habitants, s'apercevant que je suis blessé, à la vue de mon pantalon ensanglanté, m'injurient de la manière la plus outrageante, sans aucun respect pour le malheur : ils vont jusqu'à me jeter des pierres et de la boue. J'enrage de ne pouvoir me venger... Maudite capitulation!

Le 1er septembre 1808, deux cents Espagnols du régiment d'Alcantara viennent à Arahal pour nous servir de gardes. Au lieu d'imiter le détachement du même régiment qui avait formé notre escorte, ils débutent en sabrant trois des nôtres qui leur demandent la permission d'aller chercher de l'eau. Un de ces prisonniers est de ma compagnie; j'obtiens de l'avoir près de moi; je le fais soigner; au bout de peu de jours il est convalescent, et il me devient ensuite très utile.

Le 3, tous les officiers français, qui, d'après la capitulation, ont conservé leurs sabres, sont consignés dans leurs logements. Nous sommes gardés par des paysans armés. Les habitants accourent en grand nombre devant les maisons que nous habitons, jettent des pierres par les fenêtres en nous injuriant, puis nous criant qu'à midi nous aurions cessé de vivre; ils nous font signe, avec leurs couteaux, qu'on nous coupera la tête. Ne sachant que penser de tout cela, nous nous disposons à vendre chèrement notre vie. A 11 heures, nous voyons entrer cinq membres de la Junte; ils visitent nos porte-manteaux, mais ils n'aperçoivent pas le mien, sur lequel je suis assis. Cette opération terminée, ils se rendent au quartier de nos soldats, examinent leurs sacs pour savoir s'ils ne contiennent pas des effets espagnols et n'en trouvent fort heureusement à aucun. Ils cassent ensuite la pointe de chaque couteau appartenant aux prisonniers, et ils se retirent en disant au peuple qu'ils n'ont trouvé aucun effet espagnol sur les Français.

Le 6, les mêmes membres de la Junte visitent encore nos porte-manteaux et dressent un état de ce qu'ils contiennent. Cette fois, ils ouvrent le mien et en ôtent une paire de pistolets espagnols, que je leur dis avoir achetée à Madrid. L'une de ces armes est chargée; un membre de la Junte s'en empare, me fait mille questions, me traite de brigand, arme le pistolet et l'appuie sur ma poitrine ; un de ses collègues le lui arrache des mains... Le soir, on me jette dans un cachot, où je reste trente-six heures ; on me rend ensuite *ma liberté,* et je rejoins mes camarades, qui sont dans la plus vive inquiétude sur mon sort.

De ce moment, nous ne sommes plus tourmentés. Le dimanche, nous allons à la messe ; le peuple s'habitue à nous voir et ne nous insulte plus. Nos soldats travaillent à la terre, et il y en a qui gagnent jusqu'à vingt-cinq sous par jour. Nous parvenons à lier connaissance avec plusieurs habitants. Commençant un peu à marcher, je fais quelques promenades ; le hasard me fait rencontrer le vicaire de la paroisse, qui me prend en affection. Il vient souvent me voir ; je lui rends ses visites, car sa conversation est pleine d'agrément, et, durant notre séjour à Arahal, nous recevons de lui plusieurs services. Le 2 novembre, les officiers ont ordre de partir. Le lendemain, nous quittons Arahal, montés sur des ânes et escortés par quatre alguazils. Nous rejoignons d'autres officiers au village de Parada. Nous nous rendons ensuite à Machena, lieu de réunion d'une partie des officiers des 2e et 3e divisions. Nous restons sur une place, exposés aux insultes de la populace ; puis nous retournons dans nos cantonnements. Le 28, d'après un nouvel ordre, reçu la veille, nous partons pour Moron, où nous trouvons vingt et un officiers de la 2e division. Nous nous remettons en marche avec eux, sans connaître notre destination. Le 6 décembre, nous arrivons à Arcos. Les habitants nous jettent des pierres : quelques officiers sont grièvement blessés. Dans la même journée, nous passons par la ville de Bruno, où des soldats de la 4e légion sont logés dans un vieux château. Quand ces malheureux se mettent aux fenêtres, les paysans qui les gardent leur tirent des coups de fusil.

Le lendemain, à 2 heures de l'après-midi, nous entrons à Xérès. Bientôt la population nous entoure et nous accable d'injures. Lorsque nous partons, elle nous suit pendant une demi-heure, en nous lançant des pierres. Notre route se continue ensuite assez paisiblement jusqu'à Sainte-Marie, où se trouve rassemblé un grand nombre de prisonniers français. On nous désarme à l'entrée de la ville. Nous sommes conduits dans une prison où sont déjà rassemblés mille à onze cents soldats de marine et autres, qui nous accueillent avec intérêt, tant ils sont heureux d'avoir avec eux des officiers, dans des circonstances qui deviennent chaque jour plus alarmantes.

Le 8, des rassemblements considérables se forment devant notre prison. On nous annonce que ce jour même on doit assassiner tous les prisonniers français. Les autorités viennent nous rendre visite et nous disent qu'elles sauront prévenir les excès auxquels pourrait se livrer la population ; mais, sachant qu'elles n'ont pas de forces suffisantes, nous leur proposons de nous donner deux cents fusils pour dissiper les attroupements, promettant de rentrer dans nos prisons dès que l'ordre serait rétabli. Elles refusent en nous démontrant l'impossibilité d'accéder à une semblable proposition. Nous nous préparons alors à faire une défense vigoureuse. Les soldats, pour la plupart canonniers de marine, ayant sept à huit ans de service, se munissent de pierres, de morceaux de rampes d'escalier, de barres de fer, que nous brisons de toutes parts, et de rasoirs attachés à des bâtons. Ainsi armés, nous attendons de pied ferme les Espagnols. Cependant les autorités et le clergé emploient toute leur influence pour éloigner les habitants ; ils n'y parviennent que lorsqu'un ecclésiastique a l'heureuse idée d'exposer le saint Sacrement dans notre prison.

Le 26 janvier 1809, je sors de la prison de Sainte-Marie avec les officiers de la 5e légion. Nous sommes transportés sur le vaisseau *le Castillan,* où on ne nous donne pas de vivres. Nous réclamons auprès de l'officier général espagnol chargé de la surveillance, et, dans l'après-midi du 27, nous passons sur le ponton *la Vieille-Castille*. A peine y trouvons-nous des places pour nous coucher. Il y a sur ce ponton sept cents officiers de tous grades, au nombre desquels est le général Dufour. Le lendemain, je parcours le bord : les prisonniers sont presque tous malades. Un officier couvert de vermine, ne pouvant plus supporter sa triste position, se jette dans la mer, où il trouve la fin de ses maux. Le mauvais ordre et la saleté du bâtiment sont les causes des maladies dont sont atteints les prisonniers; dans la nuit du 27, il en meurt trois.

Le 30 janvier, nous sommes passés en revue par un commissaire espagnol qui, en nous examinant, tient son mouchoir sous son nez, tant l'odeur qui s'exhale du bord est infecte; aussi nous quitte-t-il sans avoir écouté les réclamations et les plaintes de nos officiers supérieurs

Dénués de tout, manquant de vivres et d'eau, chaque jour le plus triste spectacle vient s'offrir à nos yeux. Cependant, le 24 février, dernier jour de carnaval, nous nous livrons à la joie pour oublier nos souffrances. On prend des déguisements burlesques, on chante, on danse, et d'une affreuse prison on fait un lieu de divertissements... Quelle insouciance!... Qui pourra jamais définir le caractère français?... Mais le lendemain nous sentons plus vivement l'horreur de notre position : nous n'avons pas de quoi manger... Nous apercevons une barque que nous croyons celle de notre fournisseur : tous les yeux se fixent avec empressement sur cette embarcation... Elle est chargée de cadavres nus et décharnés que, pour la première fois, on vient de prendre à bord des pontons; car, auparavant, les morts étaient jetés à la mer, qui les rejetait sur le rivage, le long de la chaussée de l'Isla, comme pour offrir aux Espagnols les preuves de leur barbarie... Le nouveau Caron s'approche de notre ponton et demande s'il peut augmenter son affreux chargement... Les cadavres qui surnagent sont attachés autour de la barque et sont ainsi traînés jusqu'au rivage, où on les enterre. Tel est l'horrible tableau qui, depuis ce jour, frappe mes regards chaque matin.

A force de réclamations, nos officiers supérieurs obtiennent du gouvernement espagnol l'établissement d'un hôpital pour les prisonniers, à la Guardia, près de Cadix. Il est desservi par des officiers français; mais ceux qu'on y envoie sont, avant d'y entrer, insultés par des paysans. Lorsqu'on les débarque sur le rivage, ils attendent que les infirmiers viennent les chercher, et, au milieu des barbares qui les injurient, ils restent pendant deux heures exposés à un soleil brûlant, heureux encore quand, après plusieurs mois de maladie sur les pontons, il leur reste assez de force pour résister à une aussi violente attaque, car beaucoup de ces malheureux meurent sur place. Nous fondions de grandes espérances sur cet hôpital, car sur les pontons il n'y a aucun secours à espérer. On y manque de pain et d'eau trois ou quatre jours par semaine. Les malades qui ont de violents accès de fièvre demandent à boire; on croit les soulager en leur donnant de l'eau de mer, et bientôt ils expirent dans d'horribles souffrances. Plus de trois mille Français sont morts sur les pontons, faute de secours, dans l'espace de trois mois.

Le 6 septembre, nous sommes transportés sur le ponton *la Polonia*. Sous prétexte que nous pourrions corrompre nos gardiens, on nous fouille et on nous enlève tout ce que nous avions pu dérober à la curiosité des Espagnols. Il me restait cent vingt francs; on me les prend; c'était ma dernière ressource. C'est ainsi qu'on nous traite après quinze mois d'une horrible captivité!

Le 10 septembre, nous retournons sur le ponton *la Vieille-Castille.*

Rien d'extraordinaire jusqu'au 28 janvier 1810. Ce jour, des officiers et des matelots anglais viennent à notre bord; on lève les ancres, et la *Vieille-Castille* est remorquée jusqu'à l'entrée de la rade. Ce mouvement est occasionné par l'entrée des Français en Andalousie. Le 29, notre ponton est conduit dans la rade, vis-à-vis de Cadix, et mouillé entre quatre vaisseaux anglais, près du vaisseau vice-amiral anglais.

Le 31 janvier, nous apprenons l'arrivée des Français, sous le commandement du maréchal Victor, à Xérès. L'espoir luit enfin pour nous, après dix-sept mois de captivité!

Le 2 février, au moyen d'une corde amarrée de notre bord à celui du ponton *la Rouffine,* où sont les marins français prisonniers, nous faisons passer quelques vivres à ces infortunés, qui meurent de faim; mais ces vivres sont en bien petite quantité, car nous en avons à peine pour nous-mêmes. Le même jour, à 4 heures, un officier anglais passe auprès de nous dans un canot; nous l'appelons, il s'arrête, et nous lui remettons pour son vice-amiral une lettre dans laquelle nous sollicitons son intervention auprès du gouvernement espagnol, pour améliorer le sort affreux des Français détenus sur les pontons. A 6 heures, nous recevons de l'eau, mais point de vivres. Il venait d'arriver huit mille hommes de troupes à Cadix : on leur distribue le pain destiné aux prisonniers. Et tous les autres pontons en manquent depuis trois jours!

Dans la matinée du 3, nous nous apercevons des effets produits par la famine : trois chiens qui étaient à bord sont tués et mangés. A 9 heures, un matelot français, prisonnier sur la *Rouffine,* se jette à la mer et nage vers le vaisseau amiral anglais. Tous les prisonniers le suivent des yeux. Une des chaloupes canonnières qui nous surveillent envoie plusieurs hommes, dans un canot,

Cadix.

à la poursuite du nageur; mais des matelots anglais se jettent dans un autre canot et retirent le prisonnier en présence des Espagnols; ils le conduisent ensuite à leur bord, où ils lui donnent du pain et du vin. Après avoir copieusement satisfait son terrible appétit, il remet à un officier des lettres de ses compagnons d'infortune adressées à l'amiral anglais. Il redescend dans le canot; les sabords du vaisseau se garnissent de matelots qui, à l'envi, jettent des biscuits à notre intrépide compatriote. Les Anglais le reconduisent sur la *Rouffine,* et là il partage ses biscuits entre ses camarades. A 10 heures, nous recevons des vivres que nous apporte le fournisseur avec lequel se sont entendus les officiers; mais les autres pontons n'en reçoivent point. A 7 heures du soir, un autre matelot français du ponton *la Rouffine* vient à notre bord à la nage; nous lui donnons quelque nourriture. Il nous apprend que quarante de ses camarades se sont jetés à la nage, comme lui, pour se rendre à bord du vaisseau amiral anglais, où les conduit la faim. Puissent-ils y arriver heureusement! Cet infortuné ajoute qu'il y a huit nègres sur la *Rouffine,* et que, s'il ne leur vient pas de vivres, ils sont décidés à les tuer et à les manger.

Le 4 février, un Espagnol monte à notre bord, selon l'usage, pour prendre le rapport. Quelques prisonniers marins s'emparent de son canot et s'en servent pour conduire au vaisseau amiral anglais M. le major de Grometry, qui expose à l'amiral la situation épouvantable des prisonniers français, bientôt réduits à se manger entre eux. L'amiral lui montre une lettre du gouverneur de Cadix, qui, ignorant apparemment la négligence ou là culpabilité de ses gens, écrit qu'il est faux que les prisonniers manquent de vivres. « Pourquoi donc alors nos soldats n'ont-ils pas mangé un seul morceau de pain depuis cinq jours? » A 4 heures du soir, la barque chargée de vivres paraît enfin : elle va à tous les pontons, mais elle n'y fait une distribution que pour un seul jour.

Le 5 février, nous sommes instruits que les Français ont poussé des reconnaissances jusqu'à Sainte-Marie.

Après d'incessantes réclamations, on commence enfin à mettre un peu plus d'exactitude dans les distributions de vivres.

Le 5 mars, un fort vent de sud-ouest et la pluie qui tombe

par torrents nous font passer une journée affreuse. A 1 heure et demïe, le mât de beaupré se rompt; à 2 heures, il en arrive autant au grand mât. Personne n'est blessé. Les Anglais envoient un canot pour s'informer s'il y a des victimes parmi nous. Fort sensibles à cette attention, nous les en remercions très vivement.

Cette année, le mardi gras se passe tristement sur la *Vieille-Castille,* car nous sommes sans vivres depuis le 2, et le vent, qui continue avec la violence de la veille, nous annonce une tempête. En effet, la nuit du 7 est terrible. Au jour, le spectacle le plus affligeant s'offre à notre vue. Ici, des débris de bâtiments couvrent la mer; là, ce sont des navires démâtés qui errent à l'aventure; d'autres sont jetés à la côte. A 7 heures et demie, un brick anglais entièrement démâté s'engloutit sous nos yeux; mais l'équipage est sauvé. A 11 heures, un vaisseau portugais de soixantequatorze, obligé de filer sur ses câbles, va échouer entre Sainte-Marie et Port-Réal. Plusieurs autres vaisseaux ne cessent de tirer le canon de détresse. Deux vaisseaux de soixante-quatorze, *le San-Raymond* et *le Pluton,* et un vaisseau à trois ponts, *la Conception,* se jettent à la côte. A deux heures, un bâtiment marchand américain vient briser son mât de beaupré contre notre ponton, et au même instant deux frégates échouent.

La nuit du 7 au 8 n'est pas moins désastreuse que la précédente. Au jour, un navire brisé est le premier objet qui frappe nos yeux. Je compte vingt-sept bâtiments de diverses grandeurs, vaisseaux, frégates, etc., qui ont été victimes de l'ouragan... A dix heures, les Anglais font porter des vivres à tous les pontons; sans ce secours, tous les prisonniers mouraient de faim. Ce sont aussi les Anglais seuls que nous voyons affronter tous les dangers pendant la tempête pour secourir les naufragés.

Le 9 mars, après trois jours de la plus effroyable tempête, un ciel pur succède à l'orage; mais on compte sept cents hommes, Espagnols et Anglais, victimes de ces épouvantables journées. Un grand nombre d'entre eux, en gagnant le rivage à côté du Trocadéro et du fort Réal, sont faits prisonniers par nos troupes.

A neuf heures et demie, nous apercevons à la côte un vaisseau portugais en feu : il arrivait du Brésil avec une riche cargaison.

Le même jour, notre fournisseur nous apporte des vivres. Il était temps : il y avait sept jours que les Espagnols nous en laissaient manquer, et, dans cet intervalle, nous n'avions été soutenus que par ceux que les Anglais nous donnaient par humanité.

Les troupes françaises s'étant emparées du fort de Montagordo, cette prise est cause que tous les pontons manquent d'eau. Cette nouvelle calamité, jointe à la mauvaise nourriture que nous avions, augmente le nombre de nos malades. Il y a des pontons où il meurt jusqu'à trente prisonniers en vingt-quatre heures. Qu'on juge du sort des soldats captifs, lorsque les officiers sont réduits, par le manque d'eau douce, à faire cuire les aliments avec de l'eau de mer. Dans l'après-midi du 29, ce sont encore les Anglais qui nous envoient un baril d'eau.

Depuis longtemps nous formions des projets d'évasion, qui étaient découverts à chaque fois par les Espagnols et qui ne faisaient que rendre notre captivité plus rigoureuse.

Le 18 mai 1810, le lieutenant de vaisseau Mousseau nous fait le signe convenu pour nous réunir. Au nombre de dix-sept, nous descendons dans la cale pour nous concerter. Le lieutenant nous engage à être prêts à tout entreprendre à son premier signal et à nous tenir constamment armés de nos poignards. Ces poignards avaient été fabriqués par nous avec des cercles de barriques, à l'aide

de deux limes que j'étais parvenu à me procurer, étant cambusier
du ponton, sous prétexte d'aiguiser les scies pour débiter notre
bois; sous le même prétexte, j'avais eu six haches pour le fendre.
Avec ces outils, quatre marins de la Garde avaient construit, dans
la cale, une petite nacelle et deux rames, que je cachais au milieu
de mon bois. Nos armes doivent nous servir à attaquer de nuit
notre garde, à la désarmer et à la faire descendre dans la cale.
Deux sous-officiers, l'un du 19e cuirassiers, porteur d'une hache,
et l'autre de la Garde, ayant une scie, doivent couper les câbles.
Tous les postes des conjurés sont désignés à bord, à tribord et en
avant du vaisseau; nous devons faire feu sur les soldats et marins
espagnols ou anglais qui tenteraient de s'approcher de notre ponton, dont la garde est de cinquante hommes; un des sous-officiers
espagnols est de notre complot.

Le 14, rien de nouveau; nous n'avons ni vivres ni eau.

Le 15 mai, le brave Mousseau nous réunit. Nous descendons
à la cale, où nous trouvons les quatre marins de la Garde et le
chef d'escadron Fressard, du 14e dragons, qui, aussitôt les câbles
coupés, doit monter dans la nacelle, conduite par les quatre marins, afin d'aller prévenir le maréchal Victor et le général Leval,
dont la division est au Trocadéro, de notre périlleuse tentative
d'évasion, en lui demandant de venir à notre secours. Le lieutenant Mousseau et le commandant Fressard, après avoir donné leurs
instructions et assigné un poste à chaque conjuré, nous font prêter
serment de garder le secret. « Si le vent continue, dit le lieutenant, qu'on se tienne prêt pour la brune. »

Des cordes sont préparées pour manœuvrer le gouvernail, et
nous avons cousu une quinzaine de sacs et des couvertures pour
servir de voiles. Le reste de la journée se passe à boire et à chan-

ter. Je donne du vin et de l'eau-de-vie à tous ceux qui en veulent. Le moment est venu de recouvrer notre liberté ou de mourir. Il faut cependant traverser trente et un vaisseaux anglais ou espagnols. Nous sommes onze cent cinquante-sept prisonniers sur la *Vieille-Castille,* dont neuf cent quarante-trois officiers. A huit heures du soir, le vent étant propice et se maintenant au sud-ouest, nous montons sur le pont, au nombre de neuf officiers, après avoir caché nos poignards sous les guenilles qui nous servent de vêtements. Nous nous précipitons sur les soldats espagnols, nous leur mettons le poignard sur la gorge en leur disant : « Si vous faites la moindre résistance, s'il vous échappe un cri, vous êtes morts. » Ces pauvres diables, à moitié endormis, n'osent pas remuer et se jettent à nos genoux. Nous nous emparons de leurs armes et de leurs cartouches, et nous les faisons descendre dans la cale. Ils y restent sous la garde de deux officiers. Pendant que nous opérons de la sorte, d'autres conjurés coupent les câbles. Les coups de hache éveillent le reste des prisonniers; plusieurs s'écrient : « Nous sommes perdus! » Aussitôt tous se lèvent et veulent connaître ceux qui coupent les câbles. Les deux sous-officiers employés à cette opération laissent leurs haches et se mêlent à la foule. Pendant ce bruit, tandis que les plus timides demandent quels sont les coupables, l'officier qui guidait les deux sous-officiers prend une hache et achève le travail commencé. Alors plus d'incertitude; on découvre le projet d'évasion, et tous les prisonniers ne songent plus qu'à se défendre et à se sauver.

Les câbles sont coupés. La mer était houleuse, notre vaisseau roule de droite et de gauche. Il va heurter le galion armé de vingt-six pièces qui garde les pontons. Le sergent espagnol, qui est du complot, demande le commandant du galion et lui dit :

« Nos câbles viennent de se rompre, envoyez-nous du secours. »

Des marins du galion espagnol descendent dans des barques pour nous secourir ; mais, lorsqu'ils se trouvent près de notre bord, nous faisons feu dessus. Ils se retirent et vont prévenir leurs officiers que nous sommes en pleine révolte. Le galion nous lâche quelques bordées à mitraille et nous tue plusieurs officiers, entre autres l'intrépide Mousseau, que nous jetons à la mer, ainsi que les autres, pour ne pas faire connaître leur mort aux peureux.

Sur ces entrefaites, le commandant Fressard, conduit par les quatre marins de la Garde, dans leur frêle nacelle, vogue sur la mer agitée ; à force de rames, il parvient à gagner la terre et prévient les généraux français de notre évasion. Ceux-ci ordonnent aussitôt de nous seconder et de préparer tous les secours qui nous seront nécessaires. Le corps d'armée du maréchal Victor, chargé de faire le siège de Cadix, prend les armes et se rassemble sur la plage de Porto-Réal.

Pendant ce temps, nous sommes dix, armés de fusils, qui, du pont, faisons un feu continue sur les barques qui se hasardent à nous approcher. Plusieurs officiers supérieurs, notamment le colonel Buquet et le commandant Beaufranchet, ordonnent aux prisonniers de former une chaîne du pont à la cale, et font ainsi monter les gueuses et les boulets, qu'on place près des sabords, pour se défendre en cas d'abordage des Anglais ou des Espagnols.

Les trois quarts des prisonniers, craignant de succomber dans cette périlleuse entreprise, se plaignent de ne plus être prisonniers et maudissent les auteurs de l'évasion : ils cherchent à en connaître les chefs, pour les sacrifier à leur vengeance. Un grand nombre se porte à la cambuse, que j'avais abandonnée : ils s'imaginent, comme tous les faux braves, que le vin leur donnera du courage, ce qui, au contraire, causa leur mort, ainsi qu'on le verra bientôt.

A 1 heure du matin, nous n'avons plus de cartouches; nous n'avions pas cessé de tirer sur les barques qui tentaient de nous approcher. Alors, ainsi que mes dix camarades armés de fusils, j'engage les prisonniers qui sont dans l'entrepont à monter sur le pont pour nous aider dans la défense du vaisseau, en jetant, par les sabords, les gueuses et les boulets sur les ennemis qui essayeraient de nous empêcher de gagner la terre, où nous portent le vent et la marée montante. A ce moment, une embarcation montée par soixante Anglais au moins vient près du flanc de la *Vieille-Castille*. Les prisonniers qui sont aux sabords paraissent irrésolus. Je m'en aperçois, ainsi que plusieurs autres conjurés : prenant aussitôt des boulets, nous les jetons sur les soldats et les marins. Bon nombre des prisonniers imitent cet exemple. En peu de temps plus de la moitié des Anglais sont mis hors de combat. L'officier commandant l'embarcation nous crie de cesser, en faisant signe qu'il va se retirer. Nous accédons à sa demande, et il s'éloigne avec ses tués et ses blessés.

La mer montante nous entraîne vers la terre, mais pas toujours dans la même direction, car elle change lorsque les vents faiblissent. Nous heurtons de droite et de gauche les vaisseaux qui se trouvent sur notre passage. Enfin, à 3 heures du matin, le ponton touche à environ dix-neuf pieds d'eau. Une assez grande quantité de prisonniers, parmi ceux qui savent nager, se jettent à la mer et gagnent la terre. Ceux qui sont ivres du vin bu pendant la nuit dans la cambuse veulent suivre cet exemple et se noient.

Trois bombardes anglaises, venant se placer entre nous et la

terre, nous canonnent vigoureusement, ainsi que le fort Puntalès.
Ce n'est qu'à 8 heures du matin que l'artillerie légère française
force les bombardes à prendre le large. La marée baissant, un
certain nombre de prisonniers se jettent encore à la nage et gagnent
la terre, distante d'environ trois cents toises, où les reçoit la division Leval.

Outre le fort Puntalès, plus de vingt barques canonnières
tirent sur nous; je compte jusqu'à onze bombes en même temps
au-dessus de nos têtes. Ce feu a duré depuis 7 heures du matin
jusqu'à 4 heures et demie de l'après-midi.

Plusieurs bombes tombent sur le flanc du ponton; d'autres,
dans l'intérieur, mettent deux fois le feu, que nous avons beaucoup de peine à éteindre.

A 9 heures, on compte cinq cents hommes de moins à bord,
qui sont parvenus en nageant jusqu'à terre, ou se sont noyés.
L'ennemi nous a tué six officiers conjurés et en a blessé deux.

A 10 heures, nous apercevons derrière les troupes françaises
deux chariots qui s'avancent vers la rive, au grand galop des chevaux du train, et qui sont chargés de deux barques. On lance ces
barques à la mer. Des marins de la Garde y montent et, malgré
le feu continuel de l'ennemi, ils arrivent jusqu'à nous. L'espérance
et la joie se montrent sur toutes les figures. Nous commençons
par envoyer à terre les femmes, les enfants, les blessés et les plus
âgés. Le débarquement s'effectue sous l'active direction des généraux Leval et d'Aboville. Il se continue jusqu'à 4 heures et
demie sous le feu de plus de cinquante pièces ennemies, pendant
lequel plus de mille soldats français de tous grades, confondus
dans leur admirable dévouement, ne cessent de se tenir dans la
mer pour nous secourir. Enfin, à quatre heures et demie, et non

pas à midi, comme on l'a dit dans quelques relations, presque tous les prisonniers sont sauvés. Pour moi, occupé de l'embarquement, je n'ai pas encore quitté le bord; mais le ponton se trouvant en feu pour la troisième fois et ne voyant pas le moyen de pouvoir attendre le retour d'une barque, je songe enfin à me sauver. Une bombe tombe non loin de moi, tue un chef de bataillon et huit autres officiers; je me jette alors à la mer avec douze de mes camarades, après avoir attaché sur ma tête mon habit, dans lequel j'enveloppe plusieurs papiers, notamment mon journal de campagne. J'étais en sueur; le saisissement que j'éprouve en tombant à la mer, joint à la fatigue que je viens d'endurer, ne me laisse plus assez de forces pour lutter contre le flot. La vague me repousse chaque fois que j'approche à vingt pas de terre; mais deux braves carabiniers du 16e léger, Berger et Mirabeau, qui avaient affronté mille fois la mort dans cette terrible journée, m'atteignent au moment où je n'ai plus la force d'agir, pas même celle d'appeler à mon secours. Ma tête, baissant sous le poids de sa charge, était entièrement dans l'eau, et j'allais inévitablement périr quand l'un de ces vaillants soldats me souleva la tête et, aidé de son camarade, parvint à m'entraîner à terre. Ils me portent, à moitié mort, à un chirurgien qui me rappelle à la vie. Non content de m'avoir sauvé, l'un de ces carabiniers me revêt de sa capote et me conduit à Porto-Réal, où je suis accueilli par le chef de musique du 16e léger. Celui-ci me donne une redingote et rend la capote au carabinier qui m'a retiré des flots. Un officier du même régiment me donne un pantalon de toile de coton et une paire de souliers; un autre me coiffe d'une casquette de nankin gris, et me voilà entièrement habillé. Je couche chez le chef de musique, où les soins les plus complaisants me sont prodigués.

Je ne puis me rappeler sans frémir les dangers que nous avons courus pendant vingt et une heures, constamment entre la vie et la mort. L'horreur de notre position ne peut se comparer qu'à l'admiration qu'excite dans mon cœur le souvenir du zèle courageux, du sublime dévouement de tous les militaires de la division Leval. Généraux, officiers, soldats, pontonniers, marins, canonniers, tous, sans distinction de grade, se jetaient dans la mer, s'avançaient dans la vase pour nous sauver. Ah! ce souvenir vivra éternellement dans mon âme. Mais, je le dis aussi avec une fierté qu'on ne peut appeler de l'amour-propre, moi aussi, je me glorifie d'avoir été un de ceux qui ont le plus contribué à cette entreprise hardie qui arracha près de mille Français aux horreurs de la captivité la plus affreuse. Le reste fut tué ou se noya.

De dix-sept conjurés que nous étions, onze seulement se sont sauvés. Nous obtenons chacun un certificat signé des vingt-six officiers supérieurs prisonniers à bord de la *Vieille-Castille*, constatant la part que nous avons prise dans cette évasion.

Le sergent espagnol qui était dans le complot s'est lui aussi sauvé.

Dans la soirée du 16 mai, tous les prisonniers échappés reçoivent l'ordre de partir le lendemain pour Sainte-Marie, d'où ils se rendent ensuite à Séville, afin d'y passer la revue du maréchal Soult.

Le 17 mai, le chef de musique du 16ᵉ léger, auquel je dois déjà tant de reconnaissance pour son bon accueil, me donne six francs, un fusil et un paquet de cartouches. Je l'embrasse avec l'espoir de le revoir un jour, et, avec d'autres officiers d'une mise à peu près aussi élégante que la mienne, je me rends à Port-Sainte-Marie, où nous recevons des billets de logement. Les bourgeois chez lesquels nous devons loger doivent aussi nous nourrir.

Tous les habitants de la ville sont sur le seuil de leur porte pour nous voir arriver.

A huit heures du soir je cherche mon logement. Je prie un Espagnol de lire mon billet et de me dire s'il connaît le nom qu'il porte. Il me répond que c'est l'adresse d'un de ses voisins, et il me le fait voir auprès d'une maison qui est devant moi. Je montre mon billet à celui-ci, qui me répond à son tour : « Ce n'est pas moi, c'est là-bas. »

Et son geste me désigne une autre maison; puis il me ferme la porte au nez. Je vais au logis qu'il m'a indiqué, et je parle à l'Espagnol qui est à la porte. Comme les deux autres, il me répond que mon billet ne le concerne pas, et il referme sa porte. Enfin j'arrête un passant, et je lui demande s'il connaît la personne dont le nom est écrit sur mon malheureux billet. « La voilà, » me dit-il en me montrant un homme qui est à la fenêtre de la seconde maison devant laquelle je me suis déjà présenté. Je frappe à coups de crosse de fusil dans la porte. Sans me répondre, l'homme qui est à la fenêtre se retire. Je continue de frapper, en enrageant d'être ainsi joué; même silence. Une heure se passe, personne ne vient ouvrir. Je me rends chez le corrégidor, et je lui adresse mes plaintes. Il ordonne à un alguazil de me conduire à mon logement. J'arrive de nouveau à la maudite porte : mon conducteur frappe, se fait connaître et l'on ouvre. Il me présente à ce même bourgeois qui m'a si bien fait voyager. Celui-ci me reconnaît et dit à l'alguazil :

« Quoi! vous m'amenez ce brigand! »

Mon guide répond que c'est par ordre du corrégidor. Peu épouvanté des injures de mon hôte, j'entre chez lui. Il me laisse seul, près d'une heure et sans lumière, dans la chambre où j'ai pénétré. J'appelle; personne ne vient. Ma position, dans un quartier isolé, n'est pas très rassurante. Mon fusil est chargé, j'y mets la baïonnette, et, impatienté de ne voir et de n'entendre personne, je frappe à coups de crosse de fusil contre deux portes qui se trouvent dans la chambre. A onze heures et demie, mourant de faim et de fatigue, je frappe de nouveau de gauche et de droite, dans l'obscurité. La voix de mon hôte se fait entendre d'une chambre voisine; il me menace, je réplique sur le même ton. Il ouvre une des portes et, tenant une chandelle d'une main et un assommoir de l'autre, il s'avance vers moi en me disant qu'il va m'assommer si je ne me mets pas de suite au lit et si je ne reste pas tranquille le reste de la nuit. Je lui réponds qu'il doit me donner à boire et à manger, que ses menaces m'intimident peu et que je veux ce que je suis en droit d'exiger d'après mon billet de logement. Il s'écrie qu'il n'a rien à donner à un brigand. Je réitère ma demande avec plus de patience que je ne croyais en avoir; mais ce furieux lève aussitôt son assommoir au-dessus de ma tête; sa main est lancée, je recule vivement et je l'arrête d'un coup de baïonnette. Il tombe sans proférer un cri. Passant aussitôt dans la chambre voisine, je dis à deux femmes que j'y trouve d'aller secourir leur maître, après leur avoir demandé la clef de la porte, qu'elles me remettent. Pendant qu'elles donnent leurs soins à ce scélérat, je prends quelque nourriture que je trouve dans la chambre où elles étaient, et je m'éloigne de cette infernale maison, où j'ai failli trouver la mort après avoir échappé la veille à tant de périls. Maudissant le début de ma liberté, effrayé de la scène qui vient de se passer, je me dirige vers le port. A trois heures, plusieurs officiers s'y réunissent, et nous partons pour San-Lucar.

Le 20 mai 1810, nous arrivons à Séville. Le lendemain, tous les prisonniers passent la revue du maréchal Soult et reçoivent chacun deux cents francs.

Le 23 mai, le maréchal fait demander les officiers qui ont sauvé leurs camarades. Au nombre de onze, nous nous présentons devant Son Excellence, sous la conduite du colonel Buquet, échappé aussi de la *Vieille-Castille*. Le maréchal nous adresse plusieurs questions et nous promet que nous aurons de l'avancement et des récompenses. Pour moi, je ne compte plus sur les promesses. Le colonel Buquet remet à chacun de nous un certificat signé de lui et de cinquante autres officiers prisonniers sur la *Vieille-Castille*, attestant que leur délivrance, ainsi que celle de tous les prisonniers, est due aux onze Français porteurs de ce certificat.

Le 26 mai, nous passons une seconde revue du maréchal Soult. Nous sommes organisés en cinq compagnies, quatre d'infanterie et une de cavalerie. Je remplis les fonctions de fourrier dans la compagnie d'officiers au nombre de cent quatre-vingt-sept, commandée par le colonel Buquet. Chaque officier est armé d'un fusil, porteur d'une giberne, et muni de quarante cartouches.

Suivant l'exemple de plusieurs officiers, j'achète un âne, sur le dos duquel je mets une selle à la hussarde, que m'a fait donner le maréchal Soult, comme à tous les officiers qui en ont demandé.

Le 27 mai, nous partons. Il est impossible de voir quelque chose de plus plaisant que notre singulière caravane. Il n'y a peut-être pas deux costumes semblables dans notre troupe, et nous sommes tous en habits bourgeois, ou plutôt en guenilles. Les officiers qui ont pu acheter des chevaux forment notre compagnie d'éclaireurs ; viennent ensuite les piétons. Tous ceux qui sont montés sur des ânes ferment la marche : le fusil sur le dos,

la giberne au flanc, nous nous avançons gravement sur nos bau-
dets harnachés à la hussarde.

Dans notre marche, nous ne sommes attaqués qu'une seule
fois, dans un bois. Malgré ma faiblesse, une toux sèche et la
fièvre, qui ne m'a pas quitté depuis mon évasion, je me mêle à
nos tirailleurs et je tue un Espagnol. Je m'empare d'un manteau
de gros drap roux dont il était couvert, et qui me sert utilement
pendant le reste de la route.

Je n'essayerai point de peindre l'étonnement des habitants des
villes ou des bourgs que nous traversons, à la vue de nos différents
costumes, de toutes couleurs : la crainte remplace la surprise quand
on leur dit que nous sommes les prisonniers échappés de Cadix.
C'est à la terreur qu'inspire notre redoutable renommée que nous
devons la tranquillité de notre marche jusqu'à Madrid, où nous
arrivons le 29 juin.

Le lendemain nous passons la revue du général Belliard. Nous
sommes organisés en trois compagnies. Je remplis encore les fonctions de fourrier dans la compagnie des officiers, forte de deux
cents hommes.

Le 1er juillet, chacun des officiers conjurés de la *Vieille-Castille* reçoit du gouvernement quatre cents francs.

C'est seulement pendant mon séjour à Madrid que j'apprends à
mes camarades mon aventure de Port-Sainte-Marie. Tous sont surpris de ma patience dans une telle circonstance. Pour moi, j'ai
toujours pensé que les Français ne devaient avoir d'ennemis que
sur le champ de bataille.

La compagnie d'officiers quitte Madrid le 4 pour se rendre à
Bayonne, où nous arrivons le 26, sans avoir été inquiétés durant
notre route. Presque toute la population de Bayonne vient au-devant

11

de nous, ainsi qu'une partie de la garnison. Avant même la distribution des billets de logement, des bourgeois et des officiers nous emmènent chez eux et nous traitent le mieux qu'ils peuvent. Quant à moi, je suis tout à fait malade; aussi me prodigue-t-on les plus grands soins.

Le 28, la compagnie quitte Bayonne. Trop faible pour pouvoir la suivre, je demande l'autorisation de rester : elle m'est accordée par M. le sous-inspecteur aux revues. Il m'apprend que le grade de capitaine, qui m'a été conféré par le général Dupont, n'ayant pas été confirmé au ministère de la guerre, il ne peut me porter que comme lieutenant sur les états de revue. Cet avertissement n'est pas d'un augure très favorable pour les promesses d'avancement qu'on m'a faites ; mais je n'ai pas d'ambition ; je ne veux pas devenir maréchal de France, et je me console facilement de l'oubli de mes chefs; on verra, dans la suite de ce journal, qu'il était bon de m'y accoutumer.

Ce même jour, je fais vendre mon andalou à longues oreilles avec son équipement ; j'en retire soixante-douze francs.

Le 10 août, me trouvant un peu mieux, grâce aux soins de mon respectable hôte et de son médecin, je pars en diligence pour Bordeaux, où j'arrive le 12. Je descends à l'*hôtel des Ambassadeurs*. Dès le lendemain, je suis atteint d'une fluxion de poitrine. Je fais demander un médecin, dont le zèle ne se dément pas un seul jour pendant toute ma maladie. Mme Latapie, maîtresse de l'hôtel, me prodigue aussi les soins les plus touchants, en me suppliant de demander tout ce dont je pourrais avoir besoin, et elle laisse auprès de moi une servante pour me veiller. Cet intérêt s'attachait partout aux malheureux prisonniers échappés de Cadix, et j'en recueille plus de preuves qu'aucun autre, surtout à Bordeaux.

Pendant douze jours je suis forcé de garder le lit. Mon hôtesse et son aimable fille montent dix fois par jour dans ma chambre, et c'est à leurs soins attentionnés, donnés avec cette bonté qu'on ne trouve guère que chez les femmes, que je dois ma guérison. Comment leur témoigner ma reconnaissance? Qu'elles en acceptent ici l'hommage, si elles lisent jamais ces détails.

Le douzième jour je me lève, et durant toute ma convalescence on me fait raconter les détails de mon évasion ; on les répète de bouche en bouche, et une foule de personnes viennent m'offrir leurs services.

Le 3 septembre, je fais mes adieux à ma bonne hôtesse, en la priant de me faire connaître ce que je lui dois.

« Rien, capitaine, me répond-elle; ne suis-je pas heureuse d'avoir été utile à un des braves de notre armée? Mon hôtel est à votre service, mais surtout ne nous oubliez jamais. »

En effet, pouvais-je payer tout ce que cette excellente dame avait fait pour moi? Je prends congé d'elle en pleurant: c'est la seule manière de lui exprimer ma reconnaissance... Je donne vingt francs à la domestique qui m'a servi de garde, autant aux autres domestiques, et je me rends chez mon médecin, qui ne se montre pas moins généreux que mon hôtesse. Je fais auprès de lui de vains efforts, mais il refuse tout argent. C'est encore une nouvelle dette que contracte mon cœur. Je l'embrasse en pleurant pour la seconde fois dans cette journée, et je le quitte pour me rendre à la messagerie. A 3 heures je monte en diligence, me dirigeant sur Vendôme, pour y rejoindre le dépôt du 122e de ligne.

Arrivé le 5 à Vendôme, je reçois, quelques jours après, ma demi-solde de vingt-deux mois de captivité, mais seulement comme lieutenant...

Le 10, j'obtiens une permission, avec solde entière, pour aller voir mes parents à Paris. Ils me croyaient mort : il est plus aisé de concevoir la joie que nous éprouvons tous que de la définir.

Après deux mois de séjour à Paris, je pars pour Hambourg. J'y dois rejoindre le 30ᵉ de ligne. J'y arrive le 30 décembre. Le lendemain je me présente chez mon colonel, M. Joubert, que j'ai beaucoup connu en Égypte, dans les Dromadaires, où il commandait une compagnie, tandis que j'étais maréchal des logis chef dans le même corps. Je suis heureux de me retrouver sous ses ordres.

Étant le deuxième lieutenant du régiment, le colonel me propose pour le grade de capitaine. En attendant ma nomination, il me place aux voltigeurs du 4ᵉ bataillon, qui se trouvait à Lubeck et que ne tarde pas à rejoindre tout le régiment.

Le colonel Joubert est nommé général de brigade. Il est remplacé par le colonel **Buquet**, le même officier dont j'ai précédemment parlé, dans les détails relatifs à l'évasion de la *Vieille-Castille*.

Le 15 septembre 1811, nous partons de Lubeck pour Hambourg, où est le maréchal prince d'Eckmühl. Le séjour que nous faisons dans cette ville est assez agréable, malgré des exercices de six à huit heures par jour.

Le 27 février 1812, nous recevons l'ordre de départ. Nous faisons partie de la division Morand, 1ᵉʳ corps d'armée. Nous partons le lendemain, et nous suivons tous les mouvements de cette division.

Le 17 mars, je reçois mon brevet de capitaine ; je commande les voltigeurs du 1ᵉʳ bataillon, faveur que je dois au colonel Buquet, qui avait pu me juger devant Cadix.

Le 31 mai, nous passons la Vistule sur un pont de bateaux. Une proclamation nous annonce que la seconde guerre de Po-

Hambourg. — Les canaux.

logne est commencée, et nous nous disposons à traverser le Niémen.

Le 23 juin, notre division, réunie près des villes de Strawtdy et Pissa, se met en mouvement et se porte entre Kowno et Ketant.

Le jour suivant, à dix heures du matin, trois compagnies de voltigeurs du 30° montent sur des barques pour traverser le Niémen. Je commande la 1re compagnie. Nous débarquons sans rencontrer d'obstacle. Je mets pied à terre le premier. Trois ponts de bateaux sont établis sur le fleuve en moins d'une heure, pendant que, les trois compagnies de voltigeurs réunies, nous nous avançons en ligne en tirant quelques coups de fusil sur des cavaliers russes qui s'enfuient. A 11 heures, tout le 1er corps d'armée a passé sur les trois ponts. A mesure que l'armée française s'étend dans la plaine, nos voltigeurs avancent. Le soir, nous rejoignons le régiment. Le 1er corps bivouaque sur la route de Wilna.

L'armée continue de défiler sur les ponts de bateaux jusqu'au 25 au soir. Certes, le monde ne pouvait offrir une autre armée aussi belle ; elle était forte de trois cent cinquante-cinq mille hommes et de cinquante-neuf mille cinq cents chevaux.

Le 26, nous entrons dans la plaine de Wilna, suivant le corps d'armée ennemi du général russe Barclay. Le 27, notre division est d'avant-garde, et nous allons bivouaquer à quatre lieues de Wilna, que nous traversons le lendemain, après en avoir chassé les Russes ; mais ils ne se sont éloignés qu'après avoir incendié d'immenses magasins de vivres, de fourrages et d'habillement. Lorsque nous entrons dans Wilna, cette cité ressemble à une ville prise d'assaut : tous les magasins sont en feu ; tous les habitants sont renfermés dans leurs maisons, à l'exception des juifs, qui, très nombreux dans cette ville, sont occupés à retirer de la rivière les armes que les Russes y ont jetées. La ville est assez belle, fort peuplée, et elle renferme quelques beaux édifices.

Le 29, nous bivouaquons en avant de Wilna, où nous recevons deux rations de pain moisi. Cette chétive distribution semble nous annoncer que nous sommes exposés à ne pas regorger de vivres dans cette campagne.

Le 1er juillet, nous entrons en Lithuanie, où nous commençons à manquer de vivres. Les hommes s'en procurent comme ils le peuvent, à force de fatigues et de dangers, car ils sont souvent surpris par des détachements de cosaques.

Par une pluie continuelle, notre division continue sa marche. Le 3 juillet, nous traversons la Wilna sur un pont volant. Une pluie abondante augmente les difficultés, en rendant les chemins impraticables, ce qui cause la perte de nombreux équipages, retarde notre marche et nous réduit à une disette complète, dans un pays sauvage et dépeuplé. Les divisions qui marchent en avant s'emparent du peu de vivres qu'elles trouvent, de sorte que celles qui suivent sont sans ressources.

Le 18 juillet, nous nous approchons de Dressa, pour flanquer le 8e corps d'armée. Nous passons par Minski. Nous y découvrons des magasins immenses, trente pièces de canon et de la poudre en quantité.

Suivant les mouvements du 30e et de la division Morand, corps d'armée du maréchal prince d'Eckmühl, j'assiste à tous les combats auxquels prend part cette division, entre autres à ceux de Witepstz et de Mohilew. Nous nous trouvons, le 7 août, entre le Dniéper et la Bérésina. Ce même jour, l'armée reçoit l'ordre de se tenir prête à marcher et de se procurer des vivres pour quinze jours. Il est extrêmement difficile de mettre ce dernier ordre à exécution dans un pays que les Russes ont entièrement dévasté, afin de ne nous laisser aucune ressource, avant de l'abandonner. Aussi, pour vivre, presque tous les soldats se livrent à des excursions nuisibles à la discipline et qui achèvent la ruine des habitants. Depuis neuf jours, occupant les mêmes positions, nous n'avons pas reçu une seule ration ; les soldats se nourrissent avec ce qu'ils peuvent marauder, et les officiers de ce que ceux-ci leur apportent. Quant à moi, je ne manque de rien ; ma compagnie, à l'exemple général, use du droit de rapine, et, jusqu'aux environs de Masayck, j'ai eu souvent jusqu'à neuf voitures à ma suite.

L'armée a perdu beaucoup de monde dans ses pénibles marches, dans ses combats, et, en outre, par une dysenterie dont les soldats sont atteints. Cette maladie provient de la disette de pain, qui force les hommes à manger trop de viande, car ils se procurent celle-ci assez facilement. L'abus de cette nourriture, jointe à l'usage d'une eau marécageuse, qui est notre unique boisson, répand cette maladie dans l'armée, et des généraux même en sont atteints. Les convois d'ambulance et les médicaments restant en arrière, les hôpitaux sont encombrés de malades qui ne reçoivent que peu de secours. D'un autre côté, un grand nombre d'hommes sont tués en allant à la maraude. Les chefs de corps, privés de tout autre moyen de pourvoir à la subsistance de leurs troupes, sont forcés de fermer les yeux sur ces désordres. Le 30e a déjà perdu deux cents hommes.

Le 8 août 1812, notre division se remet en marche. Le 13, nous traversons le Dniéper, le Borysthène des Grecs. Trois jours après, l'armée française marche en trois colonnes sur Smolensk ; à 6 heures du soir, elle se trouve réunie près de cette ville. Le 17, à 3 heures du matin, elle prend les armes. Le 13e léger, de notre division, commence le feu par une ligne de tirailleurs, sur la gauche de la ville, pendant que le 1er corps d'armée manœuvre en masse, par divisions, sous le feu de l'artillerie de la place. Après plusieurs heures de manœuvres, toujours sous le feu de l'ennemi, nous nous emparons du plateau de Bulchowka, où une batterie de soixante pièces de canon est établie. Pendant cette opération, notre régiment reçoit du maréchal Davout l'ordre d'avancer et d'attaquer. Nous perdons beaucoup de monde en nous mettant en bataille sous le canon des Russes; mais les morts sont à leur destination, car nous sommes dans un cimetière. Les autres régiments de notre division s'avancent derrière le 30e. Nous nous trouvons à peu de distance de la ville; aussi notre régiment est canonné, non seulement par les pièces du rempart, mais encore par celles d'une tour qui nous travaille vigoureusement. C'est à un tel point, que le colonel Buquet nous fait placer derrière la contrescarpe d'un fossé qui entoure le cimetière. L'ennemi, plus élevé que nous, continue de nous envoyer des boulets et des espèces d'obus à trois trous. A 2 heures, un obus, vomissant la flamme par ses trois trous, tombe devant ma compagnie. Je me précipite dessus, je le prends dans mes mains et je le jette dans un puits qui se trouve à peu de distance derrière moi. Je me brûle un peu les mains et le devant de mon habit. Mes chefs et tout le bataillon crient : « Bravo! vive le capitaine François! » Si cet obus eût éclaté, il faisait sauter deux caissons à la gauche du bataillon. Le colonel Buquet, qui m'aimait beaucoup, fit, à cette occasion, un rapport en ma faveur; mais on m'oublia encore, comme dans plusieurs autres circonstances que j'ai rapportées. Ma récompense, celle qui était la plus flatteuse pour moi, fut le suffrage hautement manifesté de mes chefs et de mes camarades.

A 3 heures, les pièces sont établies sur toute la ligne et font un feu d'enfer. A 4 heures, commence une vive fusillade sur les faubourgs. A 5 heures, nous repoussons l'ennemi, à la baïonnette, jusqu'à un chemin couvert. Alors la bataille devient horrible. Malgré le feu terrible de l'artillerie russe, nous nous emparons des faubourgs retranchés, toujours à la baïonnette, en parvenant jusqu'à la bouche même des canons.

Une heure plus tard, trois batteries de douze sont établies, pendant que nous continuons l'attaque du chemin couvert. Ces batteries battent en brèche et, par des obus qui mettent le feu dans la ville et dans plusieurs tours, forcent les Russes à abandonner ces dernières. Nous n'avançons pas beaucoup dans le chemin couvert, mais deux batteries d'enfilade obligent enfin les Russes à rentrer dans la place. Malgré ce succès, le combat dure toute la nuit. Deux compagnies de mineurs, soutenues par notre régiment, sont employées à piocher au pied d'un rempart. A 7 heures, les ennemis ne se défendent plus que faiblement, et nous entendons un grand bruit s'élevant de la ville, qui est tout en feu. Ce bruit cesse à 1 heure du matin. Les Russes se sont retirés sur l'autre rive du Dniéper, et ils prennent position sur les hauteurs.

A 2 heures, les grenadiers de notre division entrent dans Smolensk ; toutes les rues sont en feu et remplies de morts et de blessés. Les divisions Morand et Friant traversent le Borysthène sur un radeau, dans le plus grand silence, et, comme des chèvres, elles gravissent les hauteurs où elles se mettent en bataille. Elles tiraillent longtemps avec l'arrière-garde russe. Notre cavalerie charge cette arrière-garde et la culbute, après un combat livré par le 3e corps.

La perte des Russes dans Smolensk est de quatre mille morts, sept mille blessés et deux mille prisonniers ; la nôtre est de mille deux cents morts et de trois mille blessés, la plus grande partie de notre division, qui a pris une part très active à cette bataille. Le 30ᵉ, pour sa part, a quatre-vingt-dix morts et cent sept blessés.

Le 18 août, le 1ᵉʳ bataillon du 30ᵉ entre dans Smolensk, avec un bataillon de Polonais. Nous nous mettons en bataille sur la place d'armes, au milieu des maisons enflammées. Une demi-heure après notre entrée, on place des postes et des sauvegardes dans les magasins que l'incendie n'a pas atteints. On forme ensuite les faisceaux, et chacun cherche de quoi manger, ce que l'on trouve difficilement dans une ville incendiée et dépeuplée. Le peu d'habitants que nous trouvons parlent français et nous aident dans nos recherches. A 5 heures, nous quittons Smolensk. Nous passons le Borysthène ou Dniéper sur un radeau, et notre division se réunit dans un vaste jardin, sur la rive droite du fleuve. Nous partons dans la nuit et nous marchons le long du Dniéper; nous repoussons quelques centaines de cosaques qui veulent nous inquiéter.

Pendant notre marche du 19, la division Gudin livre le combat de Valentina, dans lequel le brave général Gudin est tué.

Le pays que nous parcourons n'offre qu'un vaste désert, couvert de bois, de lacs et de sable. Pas un habitant n'est resté dans sa chaumière, et chaque jour le manque de vivres se fait sentir davantage.

Nous marchons sur la route de Moscou.

Le 5 septembre, auprès de Gridnwa, nous nous préparons à combattre le général russe Kutusow. A 2 heures de l'après-midi, notre division, formant l'avant-garde du 1ᵉʳ corps, rencontre l'ennemi. Nous nous emparons de sa position. Le 6, à 2 heures du matin, notre armée occupe toutes ses positions, à côté d'un ravin, de l'autre côté duquel, en avant de Seminsks, est l'armée russe, protégée par plusieurs grandes batteries. Cette journée se passe en reconnaissances et manœuvres. Le 30e est déployé en tirailleurs. A 8 heures du soir, je suis blessé par une balle qui me traverse la jambe gauche au-dessus du jarret. Malgré la douleur que je ressens, je ne quitte pas ma compagnie et je ne me retire avec elle que lorsque j'en reçois l'ordre, à 11 heures du soir. Ayant rejoint mon régiment, je fais faire l'appel : il me manque vingt-trois hommes. Je me fais ensuite panser par le chirurgien-major du 30e, qui sonde ma plaie en faisant passer sa sonde par l'ouverture de la balle ; puis, clopin-clopant, je rejoins ma compagnie, avec laquelle je passe le restant de la nuit.

Le 7 septembre, à 3 heures du matin, l'armée est sous les armes. Quoique blessé, je suis à la droite de ma compagnie. Le régiment étant en bataille, mon colonel et plusieurs de mes camarades insistent pour que je quitte les rangs et que j'aille à l'ambulance ; mais je veux partager la gloire de nos armes dans cette journée, et je refuse d'abandonner mes voltigeurs. C'était la bataille de la Moskowa qu'on allait livrer, et je voulais avoir le droit de dire un jour : « J'étais à cette grande bataille sous les murs de Moscou. »

A 3 heures et demie, nous commençons nos mouvements pour passer le ravin. A 5 heures et demie, le régiment fait halte à mi-côte du ravin. Un soleil sans nuage brille au-dessus de nos têtes : c'est le soleil d'Austerlitz, il est le présage de la victoire.

A 6 heures du soir, un coup de canon, tiré par l'artillerie de la Garde, donne le signal du combat. Cent vingt bouches à feu, à notre extrême droite, commencent l'action. Notre régiment descend le ravin et en monte ensuite l'autre côté en ligne de bataillle ;

marche fatigante et difficile, surtout lorsque les obus éclatent au-dessus de nos têtes et portent la mort dans nos rangs. En même temps que nous, les autres corps de l'armée effectuent leurs mouvements.

A 8 heures, notre régiment a gravi la côte et passé le Kologha, rivière qui va se jeter dans la Moskowa et qui nous sépare des Russes. A dix pieds du niveau de la plaine, masquée par le faîte du ravin, on rallie la ligne de bataille, et le général Morand nous fait marcher sur la grande batterie ennemie. En parcourant la ligne pour encourager les soldats, ce général, arrivé devant ma compagnie, s'aperçoit que je suis grièvement blessé.

« Capitaine, me dit-il, vous ne pouvez suivre, retirez-vous à la garde du drapeau. »

Je lui réponds :

« Mon général, cette journée a trop d'attraits pour moi pour que je ne partage pas la gloire que le régiment va acquérir.

— Je vous reconnais, » répliqua-t-il.

Et après m'avoir serré la main, il continue de parcourir la ligne de bataille au milieu des boulets qui tombent de toutes parts. Notre régiment reçoit l'ordre d'avancer. Arrivés sur le faîte du ravin, à une demi-portée de la grande batterie russe, nous sommes écrasés par la mitraille de cette batterie et par le feu de plusieurs autres dont elle est flanquée ; mais rien ne nous arrête. Ainsi que mes voltigeurs, malgré une jambe blessée, je saute pour laisser passer les biscaïens qui roulent dans nos rangs. Des files entières, des demi-pelotons tombent sous le feu de l'ennemi et forment de grands vides. Le général Bonamy, qui est à la tête du 30e, nous fait faire halte au milieu de la mitraille ; il nous rallie, et nous continuons de marcher au pas de charge. Une ligne russe veut nous arrêter ; à trente pas d'elle, nous faisons un feu de régiment et nous passons dessus. Nous nous élançons vers la redoute, nous y montons par les embrasures; j'y entre au moment où une pièce vient de faire feu. Les canonniers russes nous reçoivent à coups de leviers et de refouloirs. Nous combattons avec eux corps à corps, et nous trouvons de redoutables adversaires. Un grand nombre de Français tombent dans les trous de loup pêle-mêle avec les Russes qui sont déjà dedans. Entré dans la redoute, je me défends avec mon sabre contre les canonniers, et j'en sabre plus d'un. L'impétuosité de nos soldats est telle, que nous dépassons la redoute d'une cinquantaine de pas. Mais nous ne sommes pas suivis par les autres régiments de la division, qui sont eux-mêmes aux prises avec les Russes, excepté un bataillon du 13e léger qui nous seconde, et nous sommes contraints de battre en retraite en traversant la redoute, la ligne russe qui s'est relevée et les trous de loup; aussi notre régiment est-il foudroyé. Nous nous rallions derrière la redoute, toujours sous la mitraille de l'ennemi, et nous tentons une seconde charge; mais, n'étant pas soutenus, nous sommes en trop petit nombre pour réussir, et nous nous retirons avec onze officiers et deux cent cinquante-sept soldats; tout le reste est tué ou blessé. Le brave général Bonamy, qui n'avait pas quitté la tête du régiment, a été laissé blessé dans la redoute après avoir reçu quinze blessures; il est prisonnier des Russes.

J'ai fait plus d'une campagne, mais je ne m'étais pas encore trouvé dans une aussi sanglante mêlée et avec des soldats aussi tenaces que les Russes. Je suis dans un état épouvantable : mon shako a été emporté par la mitraille; les pans de mon habit sont restés aux mains des Russes en combattant corps à corps avec eux; je suis couvert de contusions de tous côtés; la blessure de ma jambe gauche me fait horriblement souffrir, et, après quelques minutes de repos sur le plateau où nous nous sommes ralliés de nouveau, affaibli par la perte de mon sang, je tombe sans connaissance. Des voltigeurs me font revenir à moi et me portent à l'ambulance, au moment où l'on y panse le général Morand, qui a été blessé au menton par un biscaïen. Il me reconnaît, me tend la main et, lorsqu'il est pansé, il fait un signe au chirurgien pour me recommander à ses soins. Le docteur s'approche de moi, examine ma blessure, pousse son petit doigt dans le trou de la balle, atteint son bistouri, fait la croix d'usage à chaque trou, et, avec sa sonde, me traverse la jambe entre les deux os.

« Blessure heureuse, » me dit-il.

Il en retire ensuite des esquilles, puis il met le premier appareil et me dit de me rendre à l'ambulance de l'armée, à Kologha, où sont déjà des milliers de blessés, mais peu du 30ᵉ; ils sont restés dans la redoute. Cependant j'arrive dans une chambre où sont vingt-sept officiers du régiment, dont cinq amputés, couchés sur la paille ou sur le carreau et manquant absolument de tout. Il y a plus de dix mille blessés à cette ambulance; toutes les maisons de Kologha en sont remplies.

Mon soldat de confiance, échappé au carnage, s'était rendu le soir sur le champ de bataille pour m'y chercher; mais d'autres soldats du régiment lui ayant appris que j'étais à l'ambulance, il vint m'y rejoindre avec mes chevaux. C'est à lui que je dois la vie, ainsi que plusieurs de mes camarades, par l'activité qu'il mit à nous procurer des vivres. J'ai payé un œuf quatre francs, une livre de viande six francs et un pain de trois livres quinze francs. Je possédais heureusement quatre cents francs, que m'avaient envoyés à l'ambulance ceux de mes chefs échappés au carnage.

Le lendemain, quelques soldats du 30°, blessés légèrement, parcourent les salles. Un de mes voltigeurs m'aperçoit et s'écrie :

« Ah! mon Dieu! capitaine, on vous avait dit tué. Ah! que je suis content de vous revoir! Aussi, pourquoi diable ne vous êtes-vous pas contenté de votre blessure? »

Et ce témoignage d'affection, que ne m'ont jamais refusé ceux qui ont servi avec moi, me fait pour un moment oublier ma triste situation. Ce même voltigeur m'apprend que mon lieutenant est tué, que mon sous-lieutenant est grièvement blessé, que mon sergent-major, trois sergents, six caporaux et cinquante-sept soldats sont morts et qu'il ne reste que cinq hommes de toute ma compagnie. Le régiment est réduit à environ trois cents hommes, de quatre mille cent qu'il comptait.

Dans la nuit du 9, sept officiers de ma chambrée meurent.

Enfin j'apprends les résultats de la bataille de la Moskowa, dans laquelle nos troupes ont remporté la plus éclatante victoire. Dix jours après cette mémorable journée, plus des trois quarts des blessés de l'ambulance de Kologha meurent faute de secours et de nourriture.

Pendant mon séjour à l'ambulance, le 14 septembre, l'armée française entre dans Moscou. Assez de relations ont parlé du terrible incendie de cette capitale; je n'ai point vu cet effroyable spectacle.

Le 28 septembre, me trouvant assez bien de mes blessures, quoique je ne puisse marcher qu'à l'aide d'une béquille, j'obtiens de partir avec un détachement pour rejoindre mon régiment à Moscou. Je fais mes adieux à mes camarades. Mon soldat, qui avait eu tant de soins de moi, m'amène mes chevaux le lendemain. Comme j'ai perdu mon portemanteau, je suis bientôt prêt. Je quitte mes

Vue de Moscou, prise de la terrasse du Kremlin.

compagnons d'infortune, en leur laissant le peu de vivres qui me restent encore, et je me réunis à un détachement de près de sept cents hommes qui accompagne le prince Poniatowski.

Nous passons par Mojaïsk, où nos troupes ont remporté, le 8, une nouvelle victoire. Nous y trouvons une immense quantité de blessés, tant Français que Russes. Le nombre des morts était si considérable, qu'on n'avait pas le temps de les enterrer; ils comblaient les fossés. Nous traversons le champ de bataille. Des centaines de chevaux, blessés grièvement ou ayant des jambes cassées, y paissent tranquillement. Des soldats russes, encore vivants, les jambes amputées, se traînent sur ce champ de carnage où on les a abandonnés; ils n'ont vécu qu'avec ce qu'ils ont trouvé dans les havresacs des soldats morts et qui n'ont pas été ramassés. J'en vois un, entre autres, qui s'est traîné sur le bord de la route; sa jambe, fracturée, est attachée avec des chiffons; la moitié de son corps est dans le ventre d'un cheval dont il dévore la chair comme un chien. Ce malheureux ne se retire qu'en entendant le bruit de nos pas. Nous lui donnons de l'eau et quelques vivres, puis nous nous éloignons.

Le 30 septembre, devant traverser un bois où, nous dit-on, se sont réfugiées plusieurs bandes de cosaques, nous nous formons en colonne par sections. Les hommes à cheval (je suis du nombre) composent l'avant-garde, que commande un aide de camp du prince Poniatowski. A l'entrée du bois, cet aide de camp, marchant en avant avec quatre hussards, est attaqué. Il est pris avec trois hussards, et le quatrième est blessé. Nous ne sommes qu'à cinquante pas de lui; nous chargeons, mais des centaines de cosaques, sortant du bois, tombent sur nous, coupent une partie de l'avant-garde où je me trouve et repoussent l'autre partie jusqu'à la tête de la colonne, qui les accueille par une décharge de mousqueterie. Ils se rejettent alors dans le bois, où les poursuivent quelques tirailleurs. Dans leur fuite, ils rencontrent la moitié de l'avant-garde qu'ils ont coupée, et ils sabrent plusieurs des nôtres. Grâce à la bonté de mon cheval, je parviens à traverser leurs rangs et à rejoindre la colonne. Je n'ai reçu aucune nouvelle blessure, mais celle de mon jarret se rouvre; je perds beaucoup de sang, et je ne peux ni marcher ni me tenir à cheval. On me place sur un fourgon, et j'arrive ainsi à Moscou à 8 heures du soir.

Aidé par des soldats, je me rends au quartier du 30°. Mes chefs et mes camarades me reçoivent avec le plus vif intérêt. Deux voltigeurs ont rejoint ma compagnie, qui est maintenant de sept hommes. Parmi eux, c'est à qui me manifestera le plus vivement tout le plaisir qu'ils éprouvent de me revoir. Ils m'apportent des vivres, du vin, du sucre, du café. Chacun d'eux veut me faire un cadeau, et ils m'offrent quelques-uns des objets qu'ils ont trouvés dans les ruines fumantes de Moscou. Celui-ci me donne des couverts en argent, celui-là un lingot d'or fondu, l'un une cuiller à soupe, l'autre une pelisse doublée en hermine, et le tout représente une somme importante.

Rien d'extraordinaire dans le commencement du mois d'octobre; seulement, l'armée murmure de son trop long séjour à Moscou, où les vivres deviennent rares. Les soldats de la Garde ont tout accaparé; ils vendent les subsistances fort cher, et c'est à leur quartier qu'il faut aller les acheter.

Une troupe de comédiens français donne des représentations à Moscou.

Ma blessure se guérissant peu à peu, je jette une de mes béquilles au feu, afin qu'on me trouve capable de reprendre mon service, et, le 10 octobre, je suis dans les rangs pour passer la revue du colonel.

Le 12 octobre, nous passons une revue générale. On fait sortir des rangs ceux qui sont proposés pour l'avancement ou la décoration, et je suis du nombre. Napoléon, me voyant blessé, demande au colonel Buquet où j'ai reçu ma blessure. Sur la réponse du

Moscou. — Vue du Kremlin.

colonel que c'est la veille de la bataille de la Moskowa, et qu'il ajoute que cela ne m'a pas empêché de prendre part, le lendemain, à l'attaque de la grande redoute, et qu'en outre je suis un des anciens Dromadaires de l'armée d'Égypte, l'empereur me dit :

« Que me demandes-tu ? »

Mon colonel, sans me donner le temps de prendre la parole, répond :

« La croix.

— Accordé. »

Dans cette affaire, mon colonel me nuisit en voulant me servir;

car, en disant que j'avais fait les campagnes d'Italie, d'Égypte, d'Austerlitz, de Prusse, de Pologne, d'Espagne, d'Allemagne et de Russie, j'allais demander une dotation à laquelle je croyais avoir droit. Mais il était dit que le hasard ou l'oubli entraverait toujours mon avancement. Dans cette circonstance même, ma lettre de nomination de légionnaire fut envoyée au 13e léger, où servait un autre capitaine François. Fort heureusement qu'il n'avait pas les mêmes prénoms que moi; l'erreur fut reconnue, et je reçus enfin la décoration pour laquelle j'avais été proposé plus de cinquante fois. Je ne puis concevoir par quelle fatalité, ayant toujours rempli mon devoir avec zèle, m'étant presque toujours trouvé dans les corps d'élite et ayant assisté aux batailles les plus mémorables, ayant accompli plusieurs actions d'éclat remarquées de mes chefs, je n'ai jamais obtenu les récompenses pour lesquelles j'ai été proposé...

Jusqu'au 17 octobre, le temps est superbe, peu froid, à quelques gelées blanches près; il ne tombe pas de neige.

Cette température, anormale pour la contrée où nous nous trouvions, devait être la cause de nos désastres; nos généraux ne pouvaient croire ce qu'on leur disait sur l'excessive rigueur du climat, puisque le froid était aussi peu vif au commencement de l'hiver. Enfin l'armée part. Le 30e a reçu du renfort. Je me trouve assez bien de mes blessures; mais peu ingambe, je ne marche qu'à l'aide d'une béquille. Le chirurgien major veut me faire rester à l'hôpital, en me disant que je ne suis pas en état de suivre le régiment; mes chefs me font la même observation: néanmoins je persiste dans ma résolution de suivre mes camarades, et je prends mes dispositions en conséquence. Je charge un de mes chevaux de quelques vivres et je me fais suivre par l'autre, en attendant que je puisse le monter. Je fais donc route avec ma compagnie, à l'aide d'une béquille. Le 20 octobre, je me trouve bien fatigué, mais je ne souffre pas beaucoup. Dans cette marche, nous livrons la bataille de Maloiarosjawertz, ville devant laquelle presque toute notre armée se réunit. Notre division forme l'arrière-garde. Les Russes débordent sur plusieurs points, et la route que nous devons

Moscou. — Vue du Kremlin.

suivre, pour effectuer paisiblement notre retraite, est coupée. Toute l'armée est obligée de retourner sur Mojaïsk, pour rejoindre la route de Moscou à Smolensk... Quelles ressources pouvons-nous espérer trouver dans ce pays que nous avons déjà parcouru en manquant de tout!

Le 27, notre corps d'armée (le 1er) livre un combat en avant de Borowsk, dans lequel il défait une nuée de cosaques.

Le 29 au soir, nous arrivons à Mojaïsk. J'ai dit que la bataille du 7 septembre avait eu lieu près de cette ville; toutes les maisons sont encore remplies de morts. En y fouillant, nous en trouvons plusieurs qui, avant de mourir, se sont mangé les bras, leurs blessures les ayant empêchés de se traîner hors des maisons. On y reconnaît le corps d'un capitaine du 30°, qui, après avoir mangé son bras jusqu'à l'os, a encore la bouche dessus.

Le 30, nous nous remettons en route. Mais nos derrières sont assaillis par des nuées de cosaques qui nous harcèlent sans cesse. Nous ne pouvons marcher mille pas sans être obligés de faire volte-face, mais sans tirer, car ce mouvement seul suffit pour mettre en fuite ces enragés. Ils viennent jusqu'à cent pas de nous et nous étourdissent de leurs *hourras*. Parfois nous leur envoyons quelques coups de canon. Le 31, à l'approche du village de Kolotskoi, ils se réunissent en très grand nombre et attaquent notre corps d'armée. Nous les repoussons après avoir tué quelques hommes et pris cinq canons.

Le 1ᵉʳ novembre, les mêmes cosaques veulent nous arrêter devant la tête du pont de Giat; mais ils ne peuvent nous empêcher de traverser la rivière, et nous allons bivouaquer sur les hauteurs en avant de la ville. Après une marche lente et pénible d'environ six lieues, par une neige dont le sol est entièrement couvert, nous n'avons pas un brin de paille pour nous coucher, et nous ne pouvons faire du feu, à cause de la violence du vent qui l'éteint chaque fois que nous essayons de l'allumer. Les soldats maudissent leur triste destinée et attendent impatiemment le lever du soleil afin de se mettre en marche, sans avoir pris la moindre nourriture... A cette époque, la situation de l'armée est horrible!... Pour moi, depuis mon départ de Moscou, malgré mes deux trous de balles dans la jambe gauche et plusieurs autres blessures non encore cicatrisées, j'ai continuellement marché, le pied droit chaussé dans une botte et le pied gauche dans une savate; mais, ainsi que tous mes frères d'armes, je prévois tant de maux, que je ne songe pas à m'occuper de mes blessures; je ne les panse plus, et ma jambe engourdie semble marcher mécaniquement. Mes chevaux me portent encore quelques vivres; mais il n'y a plus de quoi les nourrir, excepté quelques feuilles pourries qu'ils cherchent sous la neige.

Il n'y a pas un soldat qui ne soit effrayé de l'avenir. Nous sommes à trente lieues de Moscou, au milieu d'une contrée dévastée, dans laquelle nous n'avons combattu qu'à la lueur des incendies. Le soldat qui, autrefois, partageait son morceau de pain avec son camarade, ayant à peine de quoi manger aujourd'hui, cache avec soin le peu qu'il a. Les chevaux, en temps ordinaire d'une si grande utilité pour porter les vivres, manquant de fourrage, sont si faibles, qu'il en faut de huit à quinze pour traîner une pièce de campagne. Ils mangent l'écorce des arbres ou de la mousse, et quelquefois de la paille pourrie dans les lieux où l'armée a bivouaqué; aussi périssent-ils journellement par milliers. Il faut alors faire sauter les caissons, brûler les fourgons et briser ou enclouer les pièces que nous ne pouvons plus emmener. C'est nous qui, d'arrière-garde, sommes chargés de ces tristes opérations. Le matériel de l'armée disparaît ainsi sous nos yeux d'une manière désolante.

A tant de maux, — dont les lugubres détails m'entraîneront dans des répétitions qu'il me sera difficile d'éviter dans une narration et qu'on pardonnera à un soldat, — qu'on joigne les nuées de cosaques et de paysans armés qui nous entourent, et qui poussent l'audace jusqu'à traverser nos rangs, en enlevant les chevaux de bât et les fourgons qu'ils croient le plus richement chargés. Nos soldats n'ont même plus le courage de s'opposer à ces pillages. Ceux qui s'écartent de la route pour marauder sont égorgés par les paysans. Il y en a qui quittent exprès les rangs pour se faire tuer par les cosaques ou pour devenir leurs prisonniers. Mais les cosaques souvent les dédaignent; ils se contentent de les dépouiller, quand ils ne les massacrent pas. Ces malheureux, dans leur désespoir, se jettent dans les bois ou dans les marais; là, ils trouvent la fin de leurs infortunes, n'ayant plus la force de rejoindre l'armée. Nul ne songe à conserver l'or ou les bijoux qu'il a ramassés dans les ruines de Moscou; chacun s'efforce à ne point mourir de faim. Bientôt le froid, qui devient chaque jour plus vif, doit s'ajouter à la famine pour anéantir notre armée, cette armée si belle quand elle traversa le Niémen!

Tant de privations démoralisent les soldats, qui, marchant sans regarder devant eux, heurtent indistinctement les généraux ou les camarades. Tous, ayant l'air égaré, sont couverts de fourrures plus ou moins riches et dont l'ensemble présente une diversité de costumes des plus bizarres. Comment reconnaître les mêmes hommes qui, il y a six mois, faisaient trembler l'Europe!

Pour moi, armé de ma béquille, couvert d'une pelisse rose doublée d'hermine, le capuchon sur la tête, je chemine avec mon fidèle soldat et mes deux chevaux qui, malgré la liberté que nous leur laissons, nous suivent pas à pas. Nous avons le soin de marcher toujours avec la plus grande partie du reste du régiment.

Manquant de vivres, nous mangeons les chevaux dont les cadavres bordent notre route; mais, étant d'arrière-garde, nous ne trouvons souvent que des restes de ces animaux, qui ont été mangés en partie par ceux qui nous précèdent. Heureux ceux qui peuvent s'en procurer! Ils ont été ma seule nourriture jusqu'à Wilna, sauf une livre de pain d'avoine qu'un militaire de la Garde m'a vendue vingt francs. Je mange cette chair à moitié cuite, d'où découlent la graisse et le sang, qui, du menton aux genoux, teignent mes vêtements de rouge et de jaune. Qu'on joigne à cela une longue barbe dont chaque poil est terminé par un petit glaçon, se détachant d'une figure enfumée, des cheveux gras, cachés sous le capuchon de ma pelisse rose brodée d'or, et l'on aura mon portrait. Malgré cette pénible situation, je riais quelquefois, lorsque je regardais mes frères d'armes, dont l'aspect était, pour le moins, aussi plaisant que le mien.

Bientôt la ressource des chevaux morts n'est plus suffisante pour les trois quarts d'une armée affamée. Il n'y a donc que ceux qui ont encore un peu de courage qui peuvent se procurer cette nourriture. Les soldats qui n'ont conservé ni couteau ni sabre, ou ceux qui ont les mains gelées, ne peuvent même user de cette ressource. J'en ai vu cependant à genoux et d'autres assis, mordant à pleines dents dans ces carcasses décharnées, comme des loups furieux... Grâce à mon brave et fidèle soldat, je n'ai pas été réduit à une telle extrémité. J'avais, par jour, deux ou trois livres de cheval, à moitié cuit et sans sel, il est vrai, mais que j'étais encore très heureux d'avoir. Ma boisson consistait en de la neige fondue dans une casserole, conservée soigneusement par mon soldat.

Malgré la démoralisation générale, un reste d'humanité empêche de tuer les montures des blessés. Je garde donc les miennes pour porter mes vivres; mais je ne monte pas dessus, car tout homme à cheval, quelque couvert de vêtements qu'il soit, est sûr de geler en peu d'heures.

Tel est le tableau qu'offre notre armée dans les premiers jours de novembre. Mais si les hommes, épargnés par le climat et échappés aux hasards de la guerre, ont autant à souffrir, que dirai-je de la situation des malades et des blessés! Entassés pêle-mêle sur des charrettes, dont les chevaux succombent de fatigue et de faim, abandonnés dans les bivouacs et sur les routes, ces malheureux périssent dans les convulsions de la rage du désespoir ou terminent eux-mêmes leurs souffrances quand ils ont la force de se donner la mort. Les compagnons, les amis de ces tristes victimes, sont sourds à leurs voix ou détournent les yeux pour ne pas les voir... La misère éteint tout sentiment d'amitié; l'instinct de la conservation domine seul, et le plus froid égoïsme a remplacé cette douce fraternité d'armes dont, jusqu'alors, les Français avaient donné de si touchants exemples.

Le 2, auprès de Semlewo, de l'autre côté de Wiazma, les positions avantageuses qu'occupe l'ennemi nous font craindre une affaire sérieuse. Craindre,... c'est la première fois que cette expression se trouve sous ma plume en parlant de l'armée française.

Le 3 novembre 1812, à 6 heures, deux divisions du 1er et du 5e corps se portent sur Wiazma, où les cosaques leur prennent quelques voitures d'équipages sans inquiéter autrement leur marche. Le général Nagle dépasse le bois de Masaiedowa; il est attaqué par deux régiments russes, près de Postzaerka, et l'ennemi cherche à pénétrer dans l'intervalle du 5e corps et de notre division, qui est derrière. En même temps, plusieurs colonnes russes gagnent la grande route de Wiazma. Voyant leur intention de nous couper, nous faisons halte; les pièces sont mises en batterie, et on forme les troupes, dont la moitié au moins est sans armes. A peine formés, nous sommes attaqués par une cavalerie nombreuse. Notre perte est considérable. Pendant cette brusque attaque, le maréchal Davout fait filer son corps d'armée sur les derrières des 4e et 5e corps, à droite de la route, et nous prenons position sur la gauche, en avant du bois de Masaiedowa, d'où une division marche sur Nowaia. Cette division attaque les Russes et les repousse dans les bois où ils s'appuient. Les autres divisions se déploient devant l'ennemi, et, formés en demi-cercle, lui présentent la bataille. Durant que

Le maréchal Ney à l'arrière-garde, pendant la retraite de Russie. (D'après le tableau d'Yvon.)

ce mouvement s'opère, les autres corps d'armée sont aux prises avec les Russes, qui s'avancent des deux côtés de la route. Le combat s'engage avec acharnement; mais les Russes sont supérieurs en nombre, et nos chevaux, trop faibles, ne peuvent manœuvrer nos pièces avec promptitude. Malgré ce désavantage, le combat se soutient. Alors les bagages et le matériel des corps engagés traversent Wiazma. Le maréchal Ney se porte, avec le 3ᵉ corps, sur les derrières de l'ennemi, et la bataille dure près de cinq heures. Une nombreuse cavalerie russe tourne les 1er, 4e et 5e corps; mais les Bavarois et les Italiens, en position sur un plateau, avec douze pièces de canon, l'arrêtent court et lui font éprouver une grande perte. Le 1er corps rejette la droite des Russes sur Lubtza, et le 3e corps gagne la grande route à gauche, en forçant l'ennemi à battre en retraite. Notre perte est de quatre mille hommes, celle de l'ennemi de sept mille. Nous ne pouvons emmener nos blessés.

Le combat cesse à 3 heures de l'après-midi; nous sommes maîtres du champ de bataille. A 5 heures, notre corps d'armée traverse Wiazma et va bivouaquer en avant de cette ville. Nous sommes remplacés à l'arrière-garde par le 3e corps.

Dans la nuit, bivouaquant sur les hauteurs de Dandreieskaia, nous nous attendons à une nouvelle affaire. Le nombre des combattants diminue chaque jour, les deux tiers de l'armée n'ayant plus la force de porter leurs armes à cause du froid, qui est de huit degrés au-dessous de zéro. En peu de jours il est à seize degrés; je suis alors témoin d'épouvantables scènes de destruction. Il est impossible de se faire une idée du nombre de morts et de mourants étendus sur la route, sous une épaisse couche de neige, et de l'énorme quantité de carcasses de chevaux dont la chair nous sert de nourriture.

Ma position n'est pas brillante. Pourtant je ne sens plus mes blessures; ma poitrine est bonne, et je marche assez bien. J'ai soin de ne pas abandonner les débris de mon régiment, et souvent je partage avec mes camarades le foie d'un cheval récemment tombé; mais je vois avec peine leur découragement. Me rappelant les campagnes d'Égypte, où j'ai souffert encore davantage, où j'ai enduré plus de fatigues et de privations, je leur dis : « On peut encore être plus mal. Ici, nous avons du cheval à manger, tandis que dans les déserts de la Syrie nous n'avions souvent rien. Vous vous plaignez du froid, mais j'ai plus souffert de la chaleur au milieu des sables brûlants de l'Arabie. Patience et courage ! »

Ils ne m'écoutent guère, et nous marchons une journée entière dans le plus profond silence. Plus nous avançons, plus la situation de l'armée devient alarmante.

Le 7 novembre, en quittant Dorogobej, nous perdons plusieurs pièces de canon et plus de cent voitures. Nos chevaux épuisés, glissant à chaque pas sur le verglas, ne peuvent franchir les ravins qui coupent les routes, et nous sommes forcés d'enclouer nos pièces et d'abandonner une grande partie de nos bagages.

Le surlendemain, après une marche pénible, l'armée arrive sur le bord du Vop, où un pont de bateaux est jeté. A peine est-il terminé, que les glaces le rompent sans qu'on puisse le rétablir. Il nous faut passer cette rivière à travers les glaçons, avec de l'eau jusqu'à l'estomac. Beaucoup de nos soldats y restent, ainsi qu'une partie de notre artillerie et de nos équipages. En peu d'heures la rivière est encombrée de caissons, de canons, de voitures et d'hommes noyés. Les cosaques, qui n'ont pas cessé de nous harceler, voltigent devant nous en riant comme des fous et en nous assourdissant de leurs *hourras*. Ils s'enfuient à l'arrivée du 4e corps. Notre armée bivouaque, partie sur une rive et partie sur l'autre.

Le 10, le reste de l'armée passe le Vop, laissant au moins cinquante à soixante pièces de canon sur ses bords ; nous continuons notre route sur Duckowchina, toujours suivis par les cosaques.

Depuis le 7, le froid est plus vif chaque jour ; on le dit à dix-huit degrés au-dessous de zéro. Le temps devient sombre, le soleil ne se montre plus; un vent violent nous gèle et nous jette sur le sol couvert d'une neige qui tombe avec une telle abondance que les rivières, les lacs, les fossés, les chemins ne se distinguent plus. Nous ne reconnaissons notre route que par les cadavres des malheureux qui jonchent le sol. Le froid augmente le nombre des hommes isolés qui suivent avec peine. Beaucoup d'entre eux, n'ayant plus la force de marcher, tombent sur le dos en tendant vers nous leurs bras suppliants, et ils gèlent dans cette position.

Ceux qui ont les mains gelées errent à l'aventure, repoussés des feux de bivouacs parce qu'ils ne peuvent apporter de quoi les alimenter. C'est ici un des plus horribles effets de la démoralisation de l'armée. Ces infortunés, chassés par leurs frères d'armes, tombent inanimés derrière les soldats qui les repoussent, et ceux-ci, en les voyant *faire l'ours* (c'était l'expression), les dépouillent, sans penser que bientôt il en sera ainsi d'eux.

Parmi les terribles effets produits par le froid, les soldats dont les mains étaient gelées tombaient dessus, et leurs doigts se cassaient comme du verre; d'autres s'approchaient trop du feu, et les parties de leur corps qui étaient gelées se putréfiaient. Un de mes amis, le capitaine Thibor, du 9ᵉ de ligne, avait les pieds gelés; il ôte les linges qui entourent un de ses pieds, trois doigts s'en détachent; il retire les chiffons de l'autre pied, il prend son pouce, tire dessus et l'arrache sans éprouver aucune douleur.

J'ai eu le nez, les oreilles et le menton gelés, ainsi que les mains, mais faiblement. J'ai arraché sans souffrance la peau de toutes ces parties. Le pied que j'avais nu dans ma savate n'a pas gelé; mais ma jambe blessée est devenue noire, et je ne la sentais plus. Je n'ai été pansé qu'en arrivant à Thorn, où, en ôtant les bandes qui ceignaient ma jambe, j'ai enlevé la peau depuis le genou jusqu'à la cheville. Ma chair était noire et marbrée. Je n'ai cependant éprouvé aucune douleur à ce pansement, quoique le chirurgien coupât la peau et la chair mortes. Depuis, ma jambe gauche est devenue plus courte que l'autre ; mais je n'en souffre pas, et elle a autant de force qu'auparavant.

Les soldats qui ont pu conserver leurs armes n'en sont pas plus heureux, car ils sont constamment occupés à repousser les cosaques qui nous harcèlent sans trêve.

Quand nous ne pouvons faire du feu à cause du vent, nous devons nous livrer à un exercice continuel pour ne pas nous laisser surprendre par le froid.

Nos bivouacs offrent d'affreux tableaux. Chaque maison incendiée, dans les villages où nous faisons nos haltes, est entourée de cadavres à moitié recouverts de neige. On en trouve jusque dans les cendres encore fumantes. Des soldats se couchent sur ces cendres pour se réchauffer, et souvent ils expirent sur les corps de leurs frères d'armes.

Ceux qui ont la force d'errer dans les campagnes pour se procurer des vivres y deviennent les victimes des paysans et des cosaques. Si, par un hasard heureux, quelques-uns sont faits prisonniers, ils sont dépouillés de leurs vêtements et forcés de suivre ces barbares jusqu'au moment où ils expirent de fatigue, de froid et de besoin.

Une grande partie de notre artillerie et presque tous nos bagages sont abandonnés sur les routes. La cavalerie, si belle il y a six mois, étant presque entièrement démontée, les hommes se dispersent et n'ont plus de discipline. Tout est anéanti dans cette malheureuse armée. La subordination est méconnue, la hiérarchie

13

militaire cesse : l'officier général n'est plus à même de s'occuper de ses soldats qui ont fait sa gloire, et la misère de ces braves leur fait méconnaître la voix de leurs chefs. Ils s'en éloignent ou ils leur demandent la mort. Cette demande m'a été faite plusieurs fois. Que pouvais-je leur dire pour ranimer leur courage ?

Les hommes qui, comme moi, ont conservé quelque peu de force morale et de confiance, sont tourmentés par la faim : un cheval tombe, ils se précipitent dessus et s'en disputent les lambeaux. Afin de chercher le bois pour faire cuire cette viande, il faut s'enfoncer dans la campagne, au risque d'être massacré. Ainsi, les repos sont employés aux courses indispensables pour la cuisson de cette nourriture peu appétissante. Lorsque le repas est terminé, excédés par les longues marches, ne couchant que sur la neige sans pouvoir jouir d'une heure de sommeil, ne trouvant nul coin où se garantir du vent qui souvent empêche de faire du feu, généraux, officiers, soldats, se réunissent sans distinction et se serrent les uns contre les autres pour se tenir chaud en attendant l'heure du départ.

Aperçoit-on une maison, on y met le feu ; et, n'ayant pas la force de s'asseoir, on reste debout, en rond, immobiles comme des spectres, autour de cet immense bûcher.

Nous ne trouvons aucune ressource à Smolensk, où nous arrivons le 13. Les soldats y sont entassés dans des hangars, d'où ils n'ont pas la force de sortir pour aller chercher des vivres.

Pas un Français n'a l'espoir de revoir sa patrie.

On nous apprend que les Russes ont attaqué le 2ᵉ et le 6ᵉ corps à la Dwina, et qu'il nous faudra tenter le hasard d'une bataille au passage de cette rivière. Mais comment nous battre, quand les trois quarts de nos troupes n'ont pas d'armes et que l'autre quart peut à peine les porter?

Le peu de matériel que nous traînons encore à notre suite se détruit chaque jour; notre cavalerie étant démontée (pendant notre séjour à Smolensk, nous avons perdu plus de trente mille chevaux), notre marche ne peut être éclairée, tandis que nos ennemis, suivis par d'immenses magasins, sont soutenus par une artillerie formidable, la majeure partie portée sur des traîneaux.

Le froid est tellement vif, qu'on le dit à vingt-huit degrés au-dessous de zéro. Notre position est plus horrible qu'elle ne l'a jamais été, et l'on peut dire que notre armée n'existe plus. Les soldats, ayant perdu cette gaieté qui seule soutient le Français dans l'infortune, ne rêvent que malheurs. Cependant cette gaieté ne nous a pas tous abandonnés complètement, et j'espère toujours sans me livrer au chagrin; car, malgré tous les maux qui m'accablent, il me semble que l'on peut encore être plus malheureux; puis je vois une espèce de gloire à être tranquille au milieu de tant de calamités : c'est en ne m'abandonnant jamais au désespoir que j'ai été plus fort que les circonstances.

L'ennemi, qui connaît notre triste position, cherche à en profiter en enveloppant nos colonnes.

Le 13, à 8 heures du matin, notre corps d'armée se met en marche. Un vent violent ajoute à la rigueur du froid. Nous nous trouvons bientôt dans une situation extrêmement critique, pris devant et derrière, comme nous le sommes, par l'ennemi, de telle sorte que nous ne pouvons ni avancer ni reculer. Le canon se fait entendre : c'est la Garde et le 4e corps qui se battent contre les Russes, qui essayent, mais vainement, malgré la supériorité de leur nombre, de s'opposer à notre marche.

Le 16, de grand matin, après avoir bivouaqué à quatre lieues de Crasnoë, nous continuons notre route. Nous avançons lentement, parce que nous sommes obligés de faire volte-face à chaque instant pour repousser les cosaques. Vers midi, nous apercevons plusieurs divisions françaises envoyées à notre secours. Nous nous réunissons à ces divisions, et nous bivouaquons devant Crasnoë. Le lendemain, à 6 heures du matin, avec le 4ᵉ corps, nous nous avançons en masse, car les Russes nous canonnent de tous les côtés à la fois. Au village de Katowa, un corps russe débouche et marche sur nous. Un instant après, trois autres corps ennemis surviennent en avant du village de Waskrenia. La Garde est en face de ce village, ce qui nous donne quelque espérance. Le maréchal Davout nous prépare au combat. Malgré la mitraille ennemie, nous prenons position à gauche de Waskrenia, et l'action s'engage vigoureusement. Notre régiment est devant, éloigné seulement d'une centaine de pas des batteries russes; elles nous foudroient tellement, que le 30ᵉ est forcé de se retirer jusqu'à Crasnoë. Dans la confusion de cette retraite précipitée, ne pouvant marcher aussi vite que les autres à cause de mes blessures, je n'aperçois point le drapeau au milieu du régiment. Celui qui le portait a peut-être été tué, et sans doute notre étendard est resté sur le champ de bataille. A cette idée, faisant demi-tour, je retourne clopin-clopant vers la position qu'occupait le 30ᵉ, sans songer au danger et sans m'inquiéter des tirailleurs russes qui s'avancent sur la ligne que venait de quitter la division. J'aperçois enfin le drapeau, je le ramasse, je l'emporte en marchant le plus vite que je peux, malgré les coups de fusil qu'on tire sur moi. Plusieurs balles traversent ma pelisse : je rejoins quelques soldats blessés. Les Russes, remarquant notre petit peloton et une enseigne française au milieu, font une décharge sur nous; je suis atteint par un biscaïen qui m'effleure la main droite et me fait une blessure au flanc droit : cependant j'en avais déjà bien assez. Heureusement qu'il me reste assez de force et de présence d'esprit pour ne pas succomber sous ces nouveaux coups. Quoique j'aie déjà le bras gauche en écharpe et ma béquille dans ma main droite blessée, je ne lâche pas mon drapeau. J'arrive à Crasnoë sans ressentir de douleur, tant je suis occupé de la conservation de notre enseigne; mais, aussitôt arrivé, la souffrance se fait sentir, et il n'y a ni eau ni linge pour me panser. Je me borne alors, pour conserver ce que je viens de sauver, à prier un de mes camarades de rompre la hampe du drapeau et de m'en suspendre l'aigle au cou à l'aide de la cravate.

C'est dans cet état que je rejoins le 30°, en arrière de Crasnoë, lorsque les Russes, découragés par la contenance de nos troupes, se sont retirés. J'y trouve mon fidèle soldat et mes deux chevaux. En me voyant pâle, couvert de sang, le dessus de la main droite emporté, un morceau du flanc coupé par un biscaïen, ce brave pleure en me pansant, et moi je lui raconte mon fait d'armes. Il s'empresse d'aller le redire à mon colonel, qui en rend compte au général Morand, et celui-ci au maréchal Davout, qui charge mon colonel de lui faire un rapport sur ma conduite. Ce rapport est fait. Plus tard, je reçus un certificat du maréchal, constatant mon fait d'armes, et m'annonçant la demande de la croix d'officier de la Légion d'honneur... Que sont encore devenues ces promesses?

Tous les officiers du 30° étant réunis dans la nuit du 17 au 18, chacun s'apitoie sur la commune destinée. L'attention se porte sur moi : mes chefs me témoignent toute leur satisfaction; mais ils me considèrent comme un homme perdu, tant je suis couvert de blessures. Quant à moi, je ne désespère pas : j'ai toujours bon appétit, quoiqu'il ne soit guère excité par la succulence des mets composant mes repas. Je veux m'accoutumer à marcher sans béquille ; mais je suis fort embarrassé, ne pouvant me servir de mes mains.

Notre retraite continue dès le lendemain.

Le 21 novembre, l'armée traverse le Dniéper, soutenue par une forte avant-garde ; mais notre corps, qui est d'arrière-garde, est attaqué, au moment où il arrive auprès du pont d'Orcha, par un corps d'infanterie russe et de cosaques qui, s'étant caché derrière les maisons d'un village, à droite de la route, tombe sur nous aussitôt que la tête de l'armée est passée. Nous détachons des tirailleurs, mais le canon de l'ennemi nous fait beaucoup de mal ; toutefois nous n'en continuons pas moins d'avancer. Enfin nous arrivons sous les batteries de la tête du pont, dont le feu arrête les Russes et met fin à leurs hourras. Nous nous réunissons alors aux autres corps d'armée, sur les hauteurs d'Orcha.

Le 21, nous marchons sur la Bérésina.

Trois jours après, ayant pris position entre Niemanitza et Borisow, nous recevons l'ordre de nous tenir sur la défensive. Le génie et l'artillerie se procurent les bois et les planches nécessaires à l'établissement d'un pont sur la Bérésina, rivière profonde, non encore entièrement gelée, peu large, mais dont les rives sont si bourbeuses qu'on risque à chaque pas de s'y engloutir.

La cavalerie étant démontée, comme je l'ai dit déjà, on rassemble les officiers qui ont encore des chevaux, et on en forme quatre compagnies d'éclaireurs de chacune cent cinquante hommes. Ayant toujours mes deux chevaux, j'en vends un à un capitaine de l'état-major du général Morand, et je conserve l'autre qui suit habituellement le régiment, sans que je m'inquiète de lui. Tous les sol-

L'excès du malheur avait nivelé tous les rangs.

dats de la division le connaissent, et comme ils savent que je suis blessé de trois membres, aucun d'eux ne cherche à me l'enlever.

Nous continuons de bivouaquer sur les hauteurs de Niemanitza et de Borisow, en attendant l'arrivée de tous les corps d'armée ; mais quelle effrayante position que celle de notre armée sur les bords de la Bérésina! Officiers et soldats, vêtus d'accoutrements semblables, c'est-à-dire couverts de peaux, marchent confondus. L'excès du malheur a mêlé tous les rangs. La plupart des hommes ont un bissac sur l'épaule, contenant un peu de farine, avec un pot ou une casserole, pendu à une corde, à leur côté ; d'autres traînent par la bride des fantômes de chevaux, portant quelques vivres et des ustensiles de cuisine. Un cheval tombe : on le dépèce aussitôt, et on en charge les morceaux sur les montures qui restent.

Tous les corps d'armée sont à peu près dissous. Avec leurs débris, il s'est formé des sortes d'escouades de six, huit et dix hommes qui, séparés de la masse, vivent en commun. Ces escouades repoussent d'elles tous ceux qui n'en font pas partie. Serrés comme des moutons les uns près des autres, les soldats s'avancent en ayant bien soin de ne pas se diviser au milieu de la foule, dans la crainte de perdre leur escouade. Un homme qui vit isolément ne trouve aucun secours : il n'excite pas le moindre intérêt ; partout il est repoussé avec dureté ; souvent même, quand il a des vivres, on les lui arrache : on le chasse sans pitié de tous les feux dont il veut s'approcher, de tous les endroits où il veut se réfugier : il ne cesse d'être outragé que lorsqu'il s'unit à une escouade.

Les soldats passent devant les généraux, devant les maréchaux même, sans leur donner la moindre marque de respect. Ceux-ci voient avec peine cette terrible désorganisation, à laquelle ils ne peuvent remédier. Que faire et que dire, en effet? Qu'on se figure soixante mille infortunés, vêtus de guenilles sales et à demi brûlées, ne se soutenant qu'à l'aide de longs bâtons et livrés à toutes les horreurs de la faim.

Nos bizarres accoutrements offrent le spectacle de la plus affreuse misère et nous donnent une physionomie hideuse ; ils sont noircis par l'épaisse fumée des sapins et couverts de la terre des bivouacs. Nous avons le teint jaune, les yeux caves et éteints, les cheveux gras et en désordre, la barbe longue terminée par d'innombrables petits glaçons formés par la morve qui tombe dessus ; et, en route, nous n'osons pas nous arrêter pour satisfaire les besoins les plus pressants, dans la crainte de geler.

Telle est l'horreur d'une situation que nul mot ne saurait exprimer, tel est le tableau que ne saurait peindre aucun artiste.

Dans la marche, on entend un bruit continuel causé par le broiement des cadavres cachés sous la neige, que les chevaux foulent aux pieds ou qu'écrasent les roues des voitures. Ce bruit se mêle à l'explosion des caissons qu'on est obligé de faire sauter, ne pouvant plus les traîner et ne voulant pas les abandonner à l'ennemi. Fréquemment, un bruit plus affreux nous terrifie : ce sont les cris des malheureux qui, n'ayant plus de force, tombent sur la neige, poussent les plus lugubres gémissements, luttent en vain contre la plus effrayante agonie et meurent mille fois en attendant la mort.

Ici, un groupe de soldats, rugissant comme des tigres, se battent autour de la carcasse d'un cheval pour s'en disputer les lambeaux. Tandis que les uns coupent avec peine les parties charnues de l'animal, les autres s'enfoncent dans ses entrailles pour en arracher le foie. Partout c'est la consternation, le désespoir, la famine, la mort.

De quelle énergie ne faut-il pas être doué pour supporter tant de calamités ! La force morale s'accroît par l'excès de la misère, ou plutôt nous devenons insensibles à tout. Ces scènes horribles se multiplient tellement, que les yeux s'habituent à les contempler et que l'âme repousse toute pitié.

Au milieu de tant d'horreurs, quelques hommes restent pourtant calmes et intrépides, et je suis de ce nombre. D'ailleurs, il me semble avoir plus souffert de la chaleur en Égypte, que je ne souffre du froid en Russie.

La mort s'offre sous tant de formes hideuses, qu'on devient sourd aux cris douloureux qui vous poursuivent de tous côtés. Un infortuné tombe-t-il, on détourne froidement ses regards pour ne pas le voir, et on l'abandonne malgré ses plaintes.

On marche à grands pas, tant que le jour dure, dans l'espoir de trouver, le soir, quelques ressources dans l'endroit où l'on fera halte. On ne s'arrête donc qu'à la nuit, et la mort, que l'on veut fuir, vous entoure encore.

Malgré la fatigue d'une longue marche, malgré la faim, il ne faut pas rester un moment au repos, ou l'on court le risque de geler. Trouve-t-on un village, on se précipite dans les maisons, les granges et les hangars, pour se mettre à l'abri du froid. En un moment les hommes y sont entassés au point de ne plus pouvoir remuer. D'autres troupes surviennent, mettent le feu aux maisons où elles ne peuvent pénétrer, et souvent ceux qui s'y sont réfugiés périssent dans les flammes. Bientôt on ne cherche plus ces abris ; on détruit de fond en comble les maisons, presque toutes construites en bois dans ce pays ; on en transporte les matériaux dans les bivouacs, on s'occupe de préparer les repas. Les uns font rôtir quelques tranches de cheval sur des charbons ardents ; les autres, s'ils ont un peu de farine, font cuire des espèces de galettes sur la cendre chaude, ou bien de la bouillie. Voici comment ils la préparent : après avoir fait fondre de la neige dans un pot ou dans une casserole, on délaye, dans cette eau malpropre, un peu de farine, puis on fait bouillir le tout, pour lui donner de la consistance. Comme on manque de sel, on jette dans le pot deux ou trois cartouches ; la poudre ôte la fadeur de cette pâte et lui donne une couleur noirâtre. Ce potage préparé, ainsi que la viande, également salée avec de la poudre, on fait le repas en commun, par escouade : c'est le seul en vingt-quatre heures. Pour le prendre, on se range autour du feu, et il ne dure pas longtemps. Bientôt l'excès de la fatigue et de la souffrance nous fait trouver un peu de sommeil... A la pointe du jour, l'armée, si l'on peut donner ce nom à une réunion d'infortunés dépourvus de tout, se remet en route sans tambour ni trompette.

Le 26 novembre, l'armée se trouve près de Borisow. Nous nous mettons en mouvement à 4 heures du matin. A 7, notre corps d'armée (le 1ᵉʳ) arrive au village de Wésélowo. On nous place sur une hauteur d'où nous voyons les intrépides et dévoués Polonais (du 2ᵉ corps) traverser à la nage la Bérésina. Parvenus sur l'autre rive, ils tiraillent avec les avant-postes russes. On en profite pour faire construire deux ponts. De notre position, nous suivons les sapeurs du génie et les pontonniers qui s'avancent au milieu des glaçons pour poser les chevalets des ponts, pendant que les canonniers établissent une batterie de vingt-cinq pièces sur la berge de la Bérésina pour battre la plaine en face de Wésélowo. De leur côté, les Russes manœuvrent et tirent de temps en temps quelques coups de canon sur nous ; n'ayant plus d'artillerie, nous ne pouvons leur répondre. Vers 4 heures, le 2ᵉ corps effectue son passage sur les ponts établis, pour aller secourir les Polonais, qui, depuis le matin, sont aux prises avec une division russe dans un bois qui traverse la route à droite des ponts. Le 3e et le 5e corps suivent le 2e pour le soutenir. Les ponts, construits avec des bois presque pourris, trouvés dans le village de Wésélowo, se rompent souvent, et le passage dure presque toute la nuit, tandis que les Russes canonnent sans arrêt notre corps d'armée.

Le 27, l'armée continue à passer la Bérésina, malgré de fréquentes ruptures des ponts. Notre corps d'armée est toujours dans la même position, d'où nous apercevons un désordre épouvantable sur les ponts et à leurs approches. Tout espoir nous est enlevé ; nous ne nous attendons plus qu'à la nécessité de nous rendre à discrétion aux Russes. Notre inquiétude est on ne peut plus pénible. Les hommes à pied se précipitent vers le pont réservé pour les chevaux et les équipages : il se rompt. Les chevaux, les bagages, l'artillerie s'avancent alors vers l'autre passage, et une lutte terrible s'engage entre des hommes désespérés. Une foule de gens inutiles, de femmes et d'enfants, qui suivent l'armée depuis Moscou, gagnent le seul pont qui restait. Au même moment une immense quantité de soldats isolés, qui se sont arrêtés pour laisser défiler les divisions, n'apercevant plus que la mort en restant sur la rive, accourent en foule. Bientôt les ponts sont encombrés de cadavres d'hommes et de chevaux, de voitures de toute sorte, et il est impossible de s'en approcher autrement qu'en gravissant des monceaux de morts et de mourants. Les hommes qui respirent encore essayent de se relever en s'accrochant à ceux qui les foulent aux pieds ; mais ceux-ci les repoussent avec violence, en s'efforçant d'avancer, pour aller tomber quelques pas plus loin.

Plus nous contemplons cette multitude en désordre, plus elle devient effrayante, plus les obstacles et les victimes se multiplient. Tout le monde veut passer à la fois. Les piétons se battent entre eux ou se réunissent pour résister aux cavaliers qui les culbutent; les voitures renversent les hommes à cheval et écrasent tout ce qui s'oppose à leur marche. Au milieu de ces scènes d'horreur, on entend de toutes parts des cris de douleur, de désespoir et de rage qui nous glacent d'épouvante. Des malheureux sont précipités dans la rivière; d'autres s'y jettent d'eux-mêmes, dans l'espoir de gagner l'autre bord à la nage.

Dans la nuit notre corps fait quelques mouvements, et le peu d'équipage qui nous reste essaye, mais en vain, de s'approcher des ponts. Nous passons une partie de la nuit à peu de distance du bois de Brilowa.

Le lendemain, au point du jour, nous sommes attaqués. Nous nous défendons avec l'acharnement du désespoir. Nous n'avons tous qu'une seule pensée, celle de nous faire tuer après avoir donné la mort à plus d'un ennemi; aussi obtenons-nous quelques avantages ; nous faisons même dix-sept cents prisonniers, et nous parvenons à gagner les ponts. Plus de quatre à cinq cents pas avant d'y arriver, ils sont encombrés par les voitures, les chevaux et les hommes écrasés dans la mêlée. On ne se fraye une route qu'à coups de sabre et de baïonnette. Pour avoir une idée du tableau indescriptible qui s'offre à nos yeux, il faut ajouter que les boulets sifflent de tous côtés, que les obus, lancés par les Russes, pleuvent de toutes parts : ils tombent sur les voitures qu'ils brisent, et font sauter les caissons, dont les éclats, lancés avec violence, multiplient les effets meurtriers.

Pendant plus de six heures, malgré ma béquille, mon bras en écharpe, ma main écorchée et mon flanc déchiré, je cherche les

Au milieu de ces scènes d'horreur, on entend de toutes parts des cris de douleur, de désespoir et de rage qui nous glacent d'épauvante.

moyens de pénétrer sur le pont. Plus de cinquante fois je suis comme englouti dans les cavités que forment les tas d'hommes et de chevaux. Ma persévérance ne m'abandonne pas, et, à force de me débattre parmi les morts et les blessés, j'atteins le pont. Je le traverse comme par miracle et sans pouvoir dire comment; puis je rejoins ceux de ma division qui ont été aussi heureux que moi. Mais je suis froissé, meurtri; mes blessures, s'étant rouvertes, me couvrent de sang. Mes camarades m'accueillent avec une joie que je ne peux définir : m'ayant perdu de vue dans la foule, ils me croyaient au nombre des victimes. Ils me font partager leur bouillie noire, qui me remet un peu, et, pour la première fois depuis mon départ de Moscou, mes blessures sont pansées par notre chirur-gien-major, qui ne peut concevoir comment j'ai supporté aussi longtemps, dans un semblable état, tant de privations et de fatigues. Je ne puis lui répondre davantage, car je ne le sais pas moi-même.

La Bérésina est tellement comblée de cadavres, de chevaux et de voitures, qu'elle déborde de cinquante à soixante pas.

Notre perte, en hommes tués par les Russes ou écrasés aux ponts, doit être de trente à quarante mille hommes. Les Russes reprennent toutes les richesses que nous avons enlevées de Moscou. Enfin la Bérésina devient le tombeau de cette armée si magnifique huit mois auparavant.

Dans la nuit, mon soldat, que je n'ai pas vu depuis trente-six heures, arrive au bivouac. En m'embrassant, il ne peut encore retenir ses larmes : il me voyait encore vivant. Je lui dis :

« Va, mon brave, je ne dois plus mourir. »

Je lui demande ensuite ce qu'est devenu mon cheval. Il n'a pu le sauver, et je n'en suis pas surpris; mais ma valise contenait

14

des objets emportés de Moscou dont la valeur formait une somme considérable. Bah ! à quoi sert de se désoler !

La même nuit, nous nous remettons en marche dans le plus grand silence. Le lendemain matin, à onze heures, nous arrivons à Zembin : nous y trouvons quelques ressources en grains, en pommes de terre et en légumes.

Un soldat me ramène mon cheval, mais il ne porte plus ma valise.

Le 30, nous continuons la retraite. Nous bivouaquons au-dessus de Pleszezenitzi, où nous nous procurons encore quelques vivres.

Depuis la Bérésina nous n'avons pas aperçu un seul cosaque ; mais le 1ᵉʳ décembre, près de Chotawick, nous sommes attaqués par le général russe Tchitchagow. Notre perte est légère, et nous allons bivouaquer sur la route de Malodeczno, où nous arrivons le 2 sans être inquiétés. Nous y passons la journée suivante, et le lendemain nous nous dirigeons sur Smorgoni, où nous sommes le 5.

Le froid augmente encore ; on le dit à trente et un au-dessous de zéro. Les prisonniers russes ne peuvent pas plus résister que les soldats français. Un grand nombre de ces infortunés, quoique habitués à la rigueur du climat, en sont victimes. Plus que jamais nos bivouacs offrent l'aspect d'un champ de bataille.

Nous continuons notre retraite sur Wilna. Notre armée, poursuivie par les Russes, y entre le 9 décembre, à 4 heures de l'après-midi, dans le plus grand désordre. Je n'y arrive que vers 5 heures. Exténué de fatigue, je demande asile à un Polonais, qui me reçoit très bien ainsi que six officiers qui m'accompagnent. Ce brave homme, ayant été soldat, avait fait les premières guerres d'Italie. Il nous allume un bon feu ; il nous prépare de la soupe, que nous mangeons avec avidité, et nous donne de la bière, que nous buvons avec non moins de délices. Deux officiers, ayant plusieurs parties du corps gelées, s'étant sans doute placés trop près du feu, meurent subitement. Le lendemain matin, notre hôte effrayé vient nous apprendre le départ de l'armée, qui s'est éloignée pendant la nuit. Il nous dit qu'il n'y a dans les rues que quelques traînards et les cadavres de nombreux soldats assassinés par les habitants. Pour nous soustraire à la fureur du peuple, ce brave Polonais nous conduit, par des chemins détournés, jusqu'au pied de la montagne de Waka, où l'armée est concentrée ; mais elle est entourée d'ennemis. Les soldats armés qu'on a pu réunir tiraillent avec les Russes. La neige tombe avec une telle abondance, qu'elle nous empêche de distinguer notre route. Bientôt nous nous trouvons au milieu d'une foule de cosaques qui nous étourdissent de leurs cris. Plusieurs chefs de ces barbares, parlant français, nous plaisantent et nous injurient en criant :

« Français, il vous faut des crampons pour gravir cette montagne. Attendez, Tchitchagow et Platow vont vous en apporter. »

En effet, le verglas couvre cette montagne et la rend unie comme une glace. Nous désespérons d'en atteindre le sommet. Le peu de chevaux qui nous restent, mal ferrés, glissent à chaque pas, tombent et n'ont plus la force de se relever. Il nous faut abandonner les débris du matériel, les bagages et même les caisses, et, au pied de cette montagne maudite, on fait brûler des effets de toute espèce pour ne pas les laisser aux Russes. Bientôt des monceaux d'or et d'argent couvrent le sol, ainsi qu'une immense quantité de vaisselle de même métal, de vases magnifiques et d'autres objets précieux. Les soldats regardent tout cela avec indifférence; mais plusieurs artilleurs, indignés d'abandonner leurs pièces qui vont tomber au pouvoir des Russes, préfèrent les défendre jusqu'à la mort et se font massacrer sur elles.

Tout ce qu'on avait pu arracher à l'avidité de l'ennemi devient ici la proie des cosaques; on en voit même qui, dans une même caisse, pillent, à côté des Français et avec eux, l'or qu'elle contient.

L'armée, quoique débarrassée de tous ses équipages, a beaucoup de peine à gravir la montagne de Waka. Invalide comme je le suis, je me demande comment j'en pourrai atteindre le sommet. Je tombe plus de cent fois, et je me traîne sur le verglas en maudissant mon existence. Enfin je parviens au but de mes efforts, mais le corps meurtri, mes blessures rouvertes encore une fois. Là, je réfléchis aux moyens d'aller plus loin. En aurai-je la force? Mon courage se ranime par l'espoir d'arriver bientôt au port (le Niémen), et aussi par l'amour-propre de pouvoir dire, un jour, qu'avec une jambe et un bras j'ai fait cette pénible et désastreuse retraite.

Nous bivouaquons sur la montagne. Le lendemain nous suivons la route de Kowno, où nous arrivons le 14 décembre. Nous campons sur les places et dans les rues. Après beaucoup de difficultés, je parviens à obtenir un coin dans une maison dont se sont emparés quelques officiers de l'artillerie légère de la Garde. Ils partent le lendemain matin avant moi, en emmenant mon cheval qui était chargé de quelques provisions. Je réussis à en acheter un autre, et je me remets en route.

Le 15, au soir, nous bivouaquons sur la rive gauche du Niémen. Le 16, nous nous rapprochons de la Vistule.

Le 29, nous arrivons à Thorn, où nous avons enfin du repos.

Je loge dans une auberge avec les capitaines Christophe et Bordailler. Je vends mon cheval et j'achète quelques vêtements. Le 30ᵉ est réduit au colonel, au major, à deux chefs de bataillon, onze capitaines, seize lieutenants et sous-lieutenants, cent trente et un sous-officiers et soldats; c'est ce qu'il reste de quatre mille quatre cent quatre-vingts hommes, au passage du Niémen, le 25 juin de la même année. Notre armée, par les pertes subies tant à cause du climat que du fait des fréquentes attaques des Russes, est, dit-on, réduite à vingt ou vingt-cinq mille hommes, de quatre cent quatorze mille cinq cents qu'elle comptait au début.

Le 1ᵉʳ janvier 1813, le chirurgien-major du régiment vient me voir. Il me panse et enlève les bandes de toile et la charpie qui avaient pourri sur mes blessures. En ôtant les compresses de ma jambe, la peau s'enlève depuis le genou jusqu'au pied. La chair est noire; il en coupe une partie, me bassine avec de l'eau-de-vie camphrée et me recommande de me ménager, régime qui convient peu à mon caractère. Cependant, comme il faut en finir, je promets tout ce qu'il veut. Après le pansement, je m'habille le plus proprement possible, et, un pied dans une pantoufle, l'autre dans une botte, je me rends chez mon colonel, où sont réunis les officiers; on n'y parle que de la retraite, c'est le sujet de la conversation. Le colonel se désole surtout d'avoir laissé à l'ennemi l'aigle du drapeau.

« Mon colonel a donc oublié, dis-je aussitôt, qu'il n'a pas quitté mes épaules depuis Crasnoë?

— Est-il possible, mon brave capitaine! »

Et le colonel me saute au cou en me disant les choses les plus obligeantes. Il me remet ensuite le certificat de mon fait d'armes, signé du conseil d'administration, du général Morand et du maréchal prince d'Eckmühl. Le lendemain, je lui reporte les insignes du drapeau; il m'embrasse encore et il me présente au maréchal et aux officiers généraux, qui me prodiguent compliments et promesses.

Nous recevons notre arriéré de solde, et, le 13, nous quittons Thorn pour nous rendre à Bromberg. Avec quelques autres officiers je prends une voiture, et nous passons la Vistule sur la glace : une route y est tracée.

Continuant ma route, j'arrive le 14 février à Mayence, où se trouve notre dépôt, commandé par le capitaine Gautron. C'est là que j'apprends qu'une nouvelle guerre est déclarée à la France par la Prusse.

Le 17 mars, les troupes réunies à Mayence passent une revue générale et partent ensuite. Mes blessures sont en trop mauvais état pour que je puisse partager les périls de notre nouvelle armée, et je suis réduit, à l'aide des bulletins, à suivre sa marche sur la carte.

Vers la fin du mois de juillet, mes blessures étant cicatrisées, j'assiste à une revue passée par Napoléon, auquel me présente notre major, M. Hervé, comme un des anciens Dromadaires de l'armée d'Égypte. A ces mots, il me demande ce que je veux, et, comme à Moscou, le major se pressant trop de répondre en ne réclamant que la croix d'officier de la Légion d'honneur qui m'est accordée, je n'obtiens pas ce que je désirais.

Le 29 juillet, je pars avec le 3ᵉ bataillon du 30ᵉ, pour aller rejoindre le 1ᵉʳ à Harburg, où nous arrivons le 13 août. Le régiment s'y trouve réuni et fait partie de la division Pécheux, brigade du général Romme, corps d'armée du prince d'Eckmühl.

Le 20 août, sous les ordres du brave général Pécheux, notre division repousse les cosaques au pont de Zamsdorf, et nous nous portons sur Westemburg.

Le 16 novembre 1813, je suis proposé pour le grade de chef de bataillon; mais, comme précédemment, cette proposition n'a pas de suite.

Beaucoup de marches et de contremarches. Dans ce qui me concerne personnellement, rien d'important jusqu'au 4 décembre, où nous entrons à Hambourg, qui est aussitôt bloqué par le général russe Woronsow. Cette ville, fortifiée en terre, est entourée d'une foule de maisons de campagne, accompagnées de nombreuses allées boisées; nous les abattons pour démasquer la place. Chaque habitant devant avoir pour six mois de vivres, une grande quantité reçoit l'ordre de quitter Hambourg. Nous travaillons activement à achever un pont sur pilotis qui va en ligne droite d'Hambourg à Ratzbourg : il a deux lieues de long.

Les troupes bloquées à Hambourg s'élèvent à près de quarante mille hommes, y compris différents corps étrangers alliés à la France. Nous faisons de fréquentes sorties pendant le mois de janvier 1814, mais avec peu de succès. Le froid devient très vif. Plus de vingt mille habitants et cinq à six mille soldats sont employés jour et nuit pour casser les glaces qui couvrent l'Elbe, du côté des îles, pour empêcher l'ennemi de tenter des surprises.

Le 9 février, les Russes attaquent sur plusieurs points; mais ils sont partout repoussés.

Après ces engagements, les troupes rentraient aux quartiers, et les officiers se rendaient aux cercles et aux bals où ils étaient invités, car la ville ne paraissait nullement bloquée. Les fêtes y étaient continuelles. Nous avions tous les jours spectacle français et allemand. Lorsque nous arrivions dans quelque société, on nous demandait souvent pourquoi tel ou tel officier invité ne nous accompagnait pas; nous répondions : « Il est aux avant-postes. » Et cette réponse suffisait pour apprendre à ceux qui nous interrogeaient qu'un de nos frères d'armes avait fini de la mort des braves.

Le 17 mars, l'ennemi tente une seconde attaque aussi inutile que la première.

Au mois de mai, nous apprenons l'entrée du roi de France dans Paris. Le 20 mai, le général Gérard arrive à Hambourg et prend, au nom du roi, le commandement de notre corps d'armée, qui est divisé en trois colonnes pour rentrer en France. Le 30ᵉ fait partie de la troisième colonne, commandée par le général Loison. Nous partons le 11 juin, et nous arrivons à Thionville le 10 juillet. J'y suis chargé du casernement. Trois jours après, le 30ᵉ reçoit une nouvelle organisation; je passe dans la 2ᵉ compagnie du régiment. La place est commandée par le général Hugo, qui, le 23 septembre, en remet le commandement au général Curto.

Le 8 février 1815, nous recevons pour major M. Verdier, officier supérieur du plus grand mérite. Ayant fait partie de l'ambassade du général Gardanne en Perse, il était resté pendant quatre ans dans cet empire, à exercer aux manœuvres françaises dix mille Persans de toutes armes, et avait été décoré de l'ordre du Soleil par le schah. M. Verdier, outre les langues anciennes, parle le persan, le turc, l'arabe, l'italien, l'espagnol et l'allemand. A Thionville, on lui dit que j'ai fait les campagnes d'Égypte et que j'ai parcouru, comme captif, diverses contrées de l'Orient. Il me prend en amitié, et nos fréquentes conversations ont souvent lieu en langue turque, que je parle un peu, ainsi que l'arabe, l'allemand, l'italien et l'espagnol.

Nous partons le 3 mars pour Metz, et le 15 nous recevons l'ordre de nous tenir prêts à marcher contre Napoléon, qui a débarqué à Fréjus. Le lendemain nous prenons la route de Pont-à-Mousson, mais le 17 mars nous rentrons à Metz. Nous retournons le 26 à Thionville, et, dans la même nuit, on proclame le changement de gouvernement.

Du 1ᵉʳ au 3 avril, on ne parle que d'une nouvelle guerre contre toutes les puissances alliées. Nous quittons Thionville le 16 avril, formant brigade avec le 96ᵉ, qui fait partie de l'armée de la Moselle, 4ᵉ corps, commandé par le général Gérard, qui se rassemble à Philippeville.

Le 16 juin, partant du Châtelet à 4 heures du matin, notre division, commandée par le général Pécheux, se dirige sur Fleurus à marches forcées. Par divers mouvements, à 2 heures de l'après-midi, nous nous trouvons à environ douze cents toises du village de Ligny. A 3 heures, le général Pécheux donne l'ordre au général Romme, commandant la brigade des 30ᵉ et 96ᵉ, de se former en colonne d'attaque et de marcher sur Ligny, occupé par les Prussiens. Malgré la mitraille, le 30ᵉ s'avance l'arme au bras, en tête de la brigade. Arrivé à deux cents pas des haies derrière lesquelles sont embusqués des milliers de tirailleurs prussiens, le 30ᵉ se forme en bataille tout en marchant. On bat la charge, et nous franchissons les haies. Le demi-bataillon de gauche, où je suis, descend dans un chemin creux qui se trouve coupé par des abatis; nous le traversons avec beaucoup de difficultés et sous le feu le plus vif. Enfin, en tiraillant, nous entrons dans Ligny; mais, parvenus jusque devant l'église, un ruisseau nous arrête, et les Prussiens, cachés dans les maisons, nous font éprouver une perte considérable, tant par leur mousqueterie que par leur artillerie. En un instant, le major Hervieu, qui commande le régiment, trois chefs de bataillon, huit capitaines, deux adjudants-majors, seize lieutenants ou sous-lieutenants, et près de sept cents sous-officiers et soldats sont mis hors de combat. Quant à moi, je ne reçois que des contusions légères aux cuisses et à la jambe droite; mais j'écume de rage à la vue d'un semblable désastre, et nous sommes contraints de battre en retraite, en abandonnant nos blessés. Nous nous retirons derrière les batteries de la division, qui font un feu terrible sur les Prussiens; et, avec le capitaine Christophe, je rallie les débris de notre malheureux régiment.

Malgré un aussi terrible échec, nous avons fait près de cinq cents prisonniers. Le général Romme nous rejoint et nous donne l'ordre de rentrer dans Ligny. Nous nous élançons au pas de charge vers le village : nous sommes encore repoussés. Nous n'en faisons pas moins une troisième tentative; elle est aussi inutile que la précédente. Alors le général Romme fait rappeler. Nous rassemblons une nouvelle fois le régiment derrière les batteries de la division. A peine avons-nous rallié deux cents hommes, que le général m'ordonne d'en prendre cent et de tenter un quatrième effort sur Ligny, défendu avec autant de vigueur que nous mettons d'impétuosité à l'attaquer. Mes cent braves sont impatients de me suivre et me le témoignent par leurs cris. Le feu des Prussiens a beaucoup diminué. Le général Romme s'avance à côté de moi, à la tête de mon peloton, et le 96ᵉ vient derrière nous. Lorsque nous atteignons le chemin creux qui conduit au village, j'ordonne le plus grand silence à mes hommes, qui marchent par sections. A l'extrémité du chemin, une compagnie de Prussiens se trouve à moins

de quinze pas en face de moi, et l'officier qui les commande n'est
pas peu étonné de nous voir si près de lui. Je donne un coup de
mon épée sur le nez du cheval du général Romme, qui masquait
mon peloton; il se range le long du talus du chemin. Je me

Waterloo.

baisse en commandant le
feu; les Prussiens en font
autant. Quoique, devant ma
section, j'aie essuyé à dix
pas le feu de leur décharge,
je ne suis atteint que par
une balle qui vient s'amortir
dans le petit manteau roulé que je porte en sautoir. Sans perdre
de temps, j'ordonne à mes braves de foncer à la baïonnette. Les
Prussiens se défendent bien, et le carnage devient affreux. Entouré
de combattants, je me bats avec acharnement, et mon épée se brise
en parant les coups qui me sont portés; enfin je suis renversé et
foulé aux pieds. Le 96e arrive sur ces entrefaites, et les Prussiens

s'enfuient. Je suis ramassé **par** plusieurs soldats qui ne m'ont point abandonné dans la mêlée; soutenu par eux, car, meurtri de tous côtés, je ne puis plus me tenir debout, je me retire auprès du régiment, qui se trouve derrière les batteries, et je reprends un peu mes sens. J'ai eu sept hommes tués et onze blessés. La balle qui m'a atteint a percé mon manteau de treize trous. Elle a frappé vigoureusement, car elle me fait cracher le sang. Elle est restée dans un pli du drap, où je la retrouve. Je vois le général Romme, qui m'exprime tout le plaisir qu'il éprouve de me savoir échappé à une semblable mêlée.

Le 17, à la pointe du jour, nous marchons sur Wavres, où se dirigent plusieurs corps d'armée sous le commandement du général Grouchy, pour s'opposer à la jonction du général Blücher avec Wellington. A 6 heures du soir, nous arrivons à Gembloux. Je suis d'ordonnance auprès du général Pécheux : il est triste et paraît s'effrayer de la lenteur des divers mouvements de l'armée, qu'il ne trouve pas d'accord entre eux.

Le 18, ce n'est qu'à 10 heures du matin que nous quittons Gembloux pour marcher sur Wavres. A 1 heure, nous arrivons à Walhain, d'où nous entendons une violente canonnade dans la direction de Mont-Saint-Jean et de Waterloo. Nous ne pouvons plus douter que la bataille ne soit engagée. Le 30ᵉ marchait en tête de la colonne. Le maréchal Grouchy nous fait faire halte et semble hésiter sur la route qu'il doit prendre. Doit-il passer la Dyle? Doit-il se porter vers le lieu où une action générale s'engage? Il réunit un conseil de guerre, dans lequel prévaut l'avis du général Vandamme, qui consiste à se porter sur Wavres. A 2 heures, nous passons les trois ponts et nous nous avançons en masse sur Wavres, que nous attaquons. La division Vandamme se rend maître des positions des Prussiens et reste devant la ville. Le feu cesse à 9 heures du soir. Le 30ᶜ, placé en première ligne, établit ses avant-postes vis-à-vis ceux de l'ennemi. Le quartier général est à Limalle.

Le 19, à 3 heures du matin, nos soldats étant couchés par terre, leurs fusils entre les jambes, nous sommes réveillés en sursaut par les boulets qui tombent au milieu de nous. Nous nous levons précipitamment, et nous marchons en avant. Nous surprenons une grand'garde prussienne de trois cents hommes ; nous en tuons une bonne partie à coups de baïonnette et nous faisons le reste prisonnier. Cette expédition terminée, nous continuons d'avancer en silence. Au point du jour, nous formons une ligne de tirailleurs, et nous envoyons quelques balles aux Prussiens, qui se retirent, sans grande résistance, du côté de Wavres et des bois, pour nous attirer. De loin, ils nous crient que notre armée a été anéantie à Waterloo. Bientôt cette nouvelle se confirme. Dès lors nos tirailleurs se replient sur leurs divisions. Le feu cesse de part et d'autre, et nous rétrogradons.

Dans la nuit nous traversons Gembloux. Le 20, à 5 heures du matin, nous faisons halte sur la route de Charleroi à Namur, mourant de fatigue et de faim et suivis de près par les Prussiens. Les sapeurs du 30ᶜ prennent trois bœufs dans une ferme ; mais, au moment où ils vont en faire la distribution, nos généraux apprennent que les Prussiens ont passé la Sambre. Le maréchal Grouchy donne l'ordre au général Bonnemains de se porter rapidement contre eux avec deux régiments de dragons, et nous nous remettons en marche sur Namur. Le 30ᵉ était tout à fait d'arrière-garde ; nous n'avons pas encore quitté le lieu de la halte, quand nous sommes attaqués : nous abandonnons la viande, nous renver-

sons les marmites et nous nous formons en bataille. Les Prussiens
s'éloignent en voyant nos mouvements de défense, puis ils reviennent et nous suivent de près aussitôt que nous nous mettons en
marche, et ils nous canonnent quand nous atteignons les hauteurs
à trois quarts de lieue de Namur. Nous leurs répondons par une
canonnade semblable, puis nous nous formons en carrés, ainsi que
le 96e, qui, continuant sa marche vers Namur, nous laisse seuls
sur la route. Le 30e n'est fort que de trois pelotons formés en
deux carrés. La cavalerie prussienne nous charge trois fois ; elle
est repoussée chaque fois. Je commande le dernier carré. Je marche
lentement, faisant souvent halte et front, attendant la cavalerie
prussienne à dix et quinze pas, puis l'arrêtant court par un feu
de deux rangs bien nourri. Je parviens de la sorte à me rendre
sous Namur, où se trouvent les autres régiments de la division.
Là, nous sommes relevés, pour soutenir la retraite, par la division
Teste. Après différentes manœuvres en colonnes d'attaque, nous
entrons dans la ville et nous la traversons, pendant que le général
Teste prépare ses moyens de défense pour arrêter l'ennemi aux
portes grillées de Namur. Nous bivouaquons sur la route de Dinant.
Le 21, nous suivons la route de cette dernière ville à Givet, que
nous traversons pour aller cantonner dans les villages au-dessus
de Charlemont. Le lendemain, nous sommes à Rocroy ; le 23, au
village de l'Échelle ; le 24, à Rethel ; le 25, à Reims ; le 26, près
de Soissons ; le 27, au camp de Soissons ; le 28, aux environs de
la forêt de Villers-Cotterets ; le 29, à Meaux ; le 30, à Saint-Maur.
Le 31, nous entrons à Paris et nous allons ensuite nous ranger en
bataille dans la plaine de Grenelle, où nous sommes logés dans des
baraques couvertes en paille. Le 2 juillet, à 7 heures du matin,
notre division prend les armes ; à 8 heures, nous prenons posi-

tion à gauche du village de Ham; à midi, en avant de Sèvres; à 4 heures, après avoir passé Saint-Cloud, nous nous plaçons au-dessus de ce bourg, près du chemin qui conduit à Versailles. Nous passons la nuit couchés le long des murs et dans les chemins creux.

Le 3 juillet, à 3 heures du matin, nous entendons une vive fusillade sur la gauche de Sèvres. Nous prenons les armes et nous nous mettons en marche pour aller reprendre nos premières positions dans la plaine de Grenelle, où les Prussiens descendent et se battent contre nos tirailleurs. A 9 heures, un officier prussien s'avance vers moi en qualité de parlementaire. Je prends ses dépêches, je lui en donne un reçu, et je les envoie au général Pécheux par un officier du 30ᵉ, car je commande le régiment. Cet officier n'est pas encore de retour, que le même parlementaire se présente de nouveau et demande à parler à notre général. Je lui fais bander les yeux avec un mouchoir, ainsi qu'à son trompette, et, escortés de huit hommes, je les envoie au général Pécheux. Une demi-heure après, je reçois l'ordre de faire cesser le feu.

Le 5, nous quittons la plaine de Grenelle et nous allons bivouaquer à Montrouge. Les jours suivants nous continuons notre marche pour nous porter derrière la Loire. Le 11, le 30ᵉ est cantonné à Saint-Privé, près Orléans, où nous apprenons la rentrée du roi dans sa capitale.

Après avoir plusieurs fois changé de cantonnements, le 30ᵉ se rend à Saint-Flour, où il est licencié, comme tous les autres corps de l'armée. Je pars ensuite pour Angoulême, avec le conseil d'administration dont je fais partie.

Le 16 décembre, M. le comte d'Arbaud-Jouques, nommé par le roi colonel de la légion de la Charente-Inférieure, organise cette légion à Angoulême. J'y suis placé comme capitaine de la 2ᵉ compagnie du 1ᵉʳ bataillon.

Le 17 décembre 1816, le capitaine François quitte Angoulême avec la légion de la Charente-Inférieure pour se rendre à Toulouse, où il est nommé chevalier de l'ordre royal de Saint-Louis. Le 23 juillet 1818, il va tenir garnison à Bourbon-Vendée, et, le 9 juin 1819, à Nantes, où cet officier termina sa brillante carrière militaire. On peut, en effet, le citer comme un des plus braves et des plus brillants soldats de l'armée française; car, à toutes les époques et dans toutes les circonstances, il a su mériter l'estime de ses chefs, l'amitié de ses camarades et l'entière confiance de ses hommes. Cependant il n'a jamais obtenu les récompenses auxquelles il avait droit.

Le 5 août 1824, le capitaine François a été mis à la retraite avec le grade honoraire de chef de bataillon.

FIN

36 063. — Tours, impr. Mame.

www.ingramcontent.com/pod-product-compliance
Ingram Content Group UK Ltd.
Pitfield, Milton Keynes, MK11 3LW, UK
UKHW020151130726
13696UKWH00002B/460